Bücher zum DDR-Alltag

Aus unserer Reihe „**Weißt du noch?**" – Geschichten und Anekdoten aus ehemaligen DDR-Städten zum DDR-Alltag, können Sie folgende Titel bestellen:

Arnstadt Band 1, Band 2 und Band 3
Bautzen
Cottbus
Dessau Band 1
Eisenach
Erfurt Band 1 und Band 2
Gera
Greifswald
Halle (Fliederduft in der Fettbemme)
Magdeburg Band 1 und Band 2
Mühlhausen Band 1 und Band 2
Rostock
Schwedt
Stendal
Zerbst
Zwickau

In unserer neuen Reihe (**Wendezeit – Geschichten und Anekdoten**) über ehemalige DDR-Städte sind erschienen:
Erfurt
Gera
Halle
Leipzig
Magdeburg
Mühlhausen

Jedes Jahr kommen weitere Titel hinzu!

E-Mail: info@herkules-verlag.de

Besuchen Sie
unsere
Internetseite!
www.herkules-verlag.de

Sylvia Pommert • Uwe Schieferdecker • Kurt Wünsch
Wir lebten in der DDR

Pioniertuch, Pittiplatsch und Plastikbomber
Baden in der Zinkwanne
Muckefuck zum Frühstück
„Pfuschen" nach Feierabend

Von langen Haaren, kurzen Röcken
Unten Jeans, oben FDJ-Bluse

„Bückware" und Beatmusik
Letscho, Grilleta, Broiler ...

Geschichten und Episoden
228 Seiten, S/W-Fotos, gebunden
ISBN: 978-3-941499-98-0

Eckhard Oberdörfer

Weißt du noch?

Mitten aus'm GREIFSWALDER DDR-Alltag

Frauenüberschuss in der „Kiste"
Köpper vom Dreimeterbrett
Flanieren auf der „Idiotenrennbahn"

Geschichten und Episoden

1. Auflage 2017
Alle Rechte vorbehalten, auch die des auszugsweisen
Nachdrucks und der fotomechanischen Wiedergabe.
Druck und buchbinderische Verarbeitung:
Buchproduktion Finidr, s.r.o., Český Těšín
© Herkules Verlag
34128 Kassel, Richard-Strauß-Straße 33, Tel. (0561) 9 37 17 38
www.herkules-verlag.de
ISBN: 978-3-945608-22-7

EINLEITUNG UND DANK

Greifswald hat sich nach der kampflosen Übergabe der Stadt am 30. April 1945 sehr verändert. Die Industrialisierung durch die Ansiedlung des einzigen größeren Kernkraftwerkes der DDR in Lubmin und des Nachrichtenelektronikwerks haben die Stadt neu geprägt. Großwohngebiete aus Plattenbauten entstanden. Wie überall in der DDR änderte sich das Alltagsleben. Jugendweihen, Maidemonstrationen und Subbotniks gehörten nun zum Alltag. An die Stelle der Vereine als Kulturorganisatoren traten Massenorganisationen wie Freier Deutscher Gewerkschaftsbund, Freie Deutsche Jugend, Kulturbund oder Gesellschaft für Deutsch-Sowjetische Freundschaft und die Betriebe selbst. Der Mangel an Konsumgütern war in der DDR immer zu spüren, Wohnungen waren billig, aber es gab zu wenige. Die Reise- und Meinungsfreiheit waren eingeschränkt. Im Arbeiter- und- Bauern-Staat wurde indes auch gelebt und gern gefeiert. In der Rückschau scheint es häufig so, als ob das Leben vor 1989 ruhiger ablief.

Greifswald zu DDR-Zeiten

Dieses Buch erzählt Geschichten aus der Zeit vor 1990. Am Zustandekommen haben viele Greifswalder Anteil, denen herzlich gedankt sei. Martin Röder beispielsweise wusste viel von den ersten Jahrzehnten nach dem Krieg zu erzählen. Heinz Neumann kannte nicht nur alle Intershops. Ohne Peter Multhauf, Bernt Petschaelis, Dr. Ernst Wolf und

Dr. Henriette Bettin wären die Kapitel über den Sport schwer vorstellbar. Dr. Henry Witt hat mit dem Autor nicht nur virtuell den Greifswalder Hof besucht. Dr. Dr. Frieder Steinbrück lässt uns am Leben eines Pharmaziestudenten teilhaben. Dr. Andreas Britz sowie Georg Jeske sind die Wissensträger der Geschichten aus der Lappstraße und meine unzureichenden Segelkenntnisse wurden durch Dr. Töns Föste ergänzt. Tilo Braune unterstützte das Kapitel über die berühmten Eldenaer Jazz Evenings und Dr. Kurt Wulf das über den Kulturbund. Thoralf Weiß verdanke ich die Geschichte über die Pflanzenmärkte im Botanischen Garten. Gar nicht vorstellbar ist dieser Band ohne die vielen Bilder von Jürgen Rother. Er ist auch ein Kenner der Greifswalder Geschichte und half unter anderem, dass das Freizeitleben der Stadt vor meiner Zeit nicht zu kurz kommt. Wie bei allen meinen Büchern leistete meine Frau Heike unschätzbare Hilfe. Allen und auch denen, die ich nicht aus böser Absicht vergessen habe, herzlichen Dank.

„SCHNEEFERNSEHEN" IM NEUBAUGEBIET
Menschentrauben vor den Schaufenstern

Ein Fernsehapparat ist heute in jedem Haushalt eine Selbstverständlichkeit. In den 1950er Jahren waren die Schwarz-Weiß-Röhren-Empfänger mit den sehr kleinen Bildschirmen noch selten und sehr teuer. Wie Jürgen Grabs (Firma Fernseh-Grabs in der Fleischerstraße) in einem Buch über seine Mutter schreibt, gab es 1958 eine Premiere.

„Es kam zu Menschentrauben vor dem Schaufenster des HO-Kaufhauses, als dieses erste in Greifswald zum Verkauf kommende Gerät ausstellte. Das Gerät spielte und der Ton wurde mit einem Außenlautsprecher auf die Straße übertragen. Es

war sehr teuer, und ein Normalverdiener musste mehrere Monatsgehälter für einen solchen Kasten aufbringen. Trotzdem gab es sehr viel mehr Kaufinteressenten, als Fernsehgeräte zur Verfügung standen."

Das Fernsehen war auch im real existierenden Sozialismus eine der liebsten Freizeitbeschäftigungen. Schornsteinfeger schritten durch den Antennenwald. (Foto: Jürgen Rother)

Lange Vormerklisten wurden angelegt. In der DDR gab es 1958 immerhin schon rund 300 000 Geräte. Auch viele Greifswalder, die sich (noch) gar keinen Fernsehapparat leisten konnten, bewarben sich.

Das war DDR-Normalität, die Bürger ließen sich in Listen für Pkw-Anhänger, Campinganhänger, Nähmaschinen und so weiter eintragen. Dabei war die damalige Fernsehrealität in ganz Deutschland weit von der heutigen entfernt. Es wurden nicht den ganzen Tag Programme ausgestrahlt. Frühstücksfernsehen war noch ein Fremdwort und zum Sendeschluss ertönte die Nationalhymne ... Ab 1961 strahlte das Zweite Deutsche Fernsehen seine Sendungen aus. Acht Jahre später folgte in der DDR aus Anlass des 20. Jahrestages das zweite Programm des Deutschen Fernsehfunks (später Fernsehen der DDR). Es war zugleich der Start des Farbfernsehens im Sozialismus.

Farbfernsehen gab es erstmals zum 20. Jahrestag der DDR.

Die zugehörigen Geräte waren sehr teuer. Der „4 9er" (steht für 4900 Mark), der beliebteste Farbfernseher der Republik der 1980er Jahre, kostete Normalverdiener mehrere Monatsgehälter. Die nächstteurere Ausgabe war für über 6000 Mark der DDR zu haben. Greifswald hatte zu diesem Zeitpunkt etwas mit Dresden gemeinsam. Es lag im Tal der Ahnungslosen, sprich: Es gab keinen Westempfang.

Ende der 1980er kam das Westfernsehen in die Plattenbaugebiete, und zwar per Kabel über eine Antenne auf einem Hochhaus an der Lomonossowallee. Man würde dadurch erkennen, dass das DDR-Fernsehen das Beste ist, sagte man von Seiten der Kreis-SED oder des Oberbürgermeisters. Ich weiß das leider nicht mehr, vermute aber, dass die führenden Genossen auch Westfernsehen gucken wollten und eine Begründung suchten. Aber ich weiß noch, dass eine Freundin meiner Frau immer zum Schauen der Serie Schwarzwaldklinik im ZDF zu uns kam. Ausgerechnet als Sascha Hehn, später Kapitän des Traumschiffs, am Ende der Schwarzwaldklinik-Serie im März 1989 heiratete, war das Wetter ungünstig, der Empfang schlecht. Es gab nur Schneefernsehen. Übrigens der Grund, warum der 5-jährige Sohn eines Freundes aus Stralsund die Wiedervereinigung 1990 ablehnte. Es würde dann nur noch Schneefernsehen geben, mutmaßte er. Eine der vielen Prophezeihungen, die sich als falsch erwiesen, weil nur eine einzige nicht näher hinterfragte Beobachtung zur Begründung herangezogen wurde. Wir Schönwalder hatten es ab dem Sommer 1989 noch besser. Wir bekamen dank Satellitenempfangsanlage auf dem Hochhaus nun Sender wie 3Sat und 1Plus und damit die Nachrichtensendungen „Tagesschau" und „heute". Das Ende der DDR konnten wir nun aus sehr unterschiedlicher Perspektive, auch unter Nutzung der Aktuellen Kamera, zwischen 19 und 20.15 Uhr erleben.

An der Lomonossowallee in Schönwalde wurde ein Hochhaus gebaut. So wurde Westempfang sogar per Antenne möglich. (Foto: Jürgen Rother)

AN DER UNI MEHR FRAUEN ALS MÄNNER
Ernteeinsatz und Kartoffelklau

Als Dr. Dr. Frieder Steinbrück 1983 am Bahnhof auf die Abfahrt des Zuges Richtung Greifswald wartete, traf er seinen Russischlehrer. Dessen Tochter hatte gerade das Medizinstudium in Greifswald absolviert.

„Man weint zweimal", erklärte er ihm. „Zuerst bist du enttäuscht von der fremden Umgebung, den unnahbaren Menschen und von dem schlechten Wetter. Doch zum Ende deiner Studienzeit ist dir genau das alles vertraut und ans Herz gewachsen."

Als Pharmaziestudent zog Steinbrück ins Studentenwohnheim II in der Makarenkostraße ein. Alle Erstsemester, die dort wohnten, strömten nach der Ankunft in Greifswald zu einem kleinen Fahrkartenhäuschen am Bahnhof und kauften kleine grüne Fahrscheine, fünf Stück für eine Mark. Es gab beispielsweise einen D-Bus und einen L-Bus. Der N-Bus fuhr nachts und der H-Bus zur Wiecker Brücke. In seinem Dreibettzimmer empfing Steinbrück laute arabische Musik. Er wohnte mit einem Kommilitonen aus dem Nord-Jemen und einem Belzigersteinbrück bekam das untere Doppelstockbett. Durch allseitige Toleranz klappte das Miteinander ganz gut.

Wie damals üblich, ging es erst einmal zum Ernteeinsatz. Das Kartoffelklauen erwies sich in Weitenhagen als deutlich schwieriger als zu Schulzeiten im Erzgebirge, erlebte der Pharmaziestudent. Ältere Semester verkauften ihre mehr oder weniger abgegriffenen Lehrbücher an die Neuen. Im Eingangsbereich des Wohnheimes gab es einen Wachraum. Jeder Bewohner war regelmäßig für diesen Dienst verantwortlich. Da die Wohnheimtür Tag und Nacht offen stand, war dessen Sinnhaftigkeit im höchsten Maße fraglich. Nachts schloss Steinbrück wie die meisten Diensthabenden die Wache ab und schlief in seinem Bett. Nur besonders Eifrige nutzten die ramponierte Couch im Wachraum. Eigentlich bestand die wichtigste Aufgabe des Wachdienstes in der Entgegennahme und gegebenenfalls Weiterleitung eingehender Telefonate aus den Weiten der kleinen DDR zu den übrigen Wohnheimen in der Makarenkostraße. Oftmals rannte man bis in die sechste Etage, um den Angerufenen zu informieren, der dann aber gar nicht anwesend war oder gerade duschte. Lebensmittel kauften Studenten in der Kaufhalle „Nord" in Schönwalde II.

„Irgendwie waren wir damals genügsam und gaben uns mit dem zufrieden, was gerade angeboten wurde oder was wir vom letzten Elternbesuch mitgebracht hatten", erinnert sich Steinbrück. Im Studentenwohnheim II war es üblich, am Morgen des Nikolaustages Mitstudenten eine kleine Überraschung vor die Tür zu stellen. Hübsch verpackte Einzelpralinen der noch heute bekannten Schokoladenfirma „Friedel" aus dem „Delikat" waren sehr beliebt. Als Steinbrück am Nikolausmorgen 1987 mit der Bahn nach Dresden fahren wollte, lagen vor jedem Wohnheimzimmer Kleinigkeiten

von heimlichen Verehrerinnen bzw. Verehrern. Vor den Zimmern der „heißesten Feger" stapelten sich die Geschenke. Steinbrück erhielt nie etwas ...

Kräftiges Biertrinken half gegen trockene Laborluft. Rechts steht Frieder Steinbrück. (Foto: Sammlung Frieder Steinbrück)

Nur in den Sektionen Geologie, Physik und Theologie waren in den 1980er Jahren mehr Studenten als Studentinnen immatrikuliert. Greifswald galt damals als Paradies männlicher Heteros: Von etwa 3000 Studierenden waren rund 2/3 Frauen. Studenten technischer Fachrichtungen der Wilhelm-Pieck-Universität Rostock besuchten aus diesem Grund oft und gern Greifswald. Wer sich nicht allzu blöd anstellte, sollte schon auf Grund des Frauenüberschusses im Allgemeinen und auf Grund des Frauenüberschusses unter Greifswalder Pharmaziestudenten im Besonderen in jedem Fall eine Freundin abbekommen. An den Wochenenden fanden im Studentenclub „Kiste" Diskotheken statt. Diese waren stets gut besucht, bewohnten doch Hunderte Studenten die vier Wohnheime in der Makarenkostraße. Heim I war den Medizinern, Heim II den Pharmazeuten, Heim III Zahnmedizinern, Mathematikern und Lehrerstudenten (Mathe/Geographie) und Heim IV Lehrerstudenten (Deutsch/Kunst/Musik) vorbehalten. „Sag' mir wo du wohnst und ich weiß, was du studierst", lautete die Regel.

Viele Frauen in der „Kiste" und Spaghetti-Feten nach der Disko

In der „Kiste" konnte man flirten, Bier trinken oder zu aktueller Popmusik tanzen. Oftmals tat man alles zusammen. Nur mit Frauen besetzte Tische sicherten eine hohe Erfolgsquote, berichtet Steinbrück. Zumeist bereitete „das Abschleppen" aus der „Kiste" wenig Mühe. Beliebt waren die Spaghetti-Feten nach der Disko. Hier trafen sich die nicht in Abschleppprozesse involvierten Kommilitonen gingen zum Spaghetti-mit-Tomatensoße-Essen, gewürzt mit einigen alkoholischen Absackern.

Manchmal resultierte aus einer Diskobekanntschaft eine Verabredung zum sonntäglichen Spaziergang oder in der Adventszeit zum Weihnachtskonzert im Greifswalder Dom oder in der Marienkirche. Diese Konzerte waren bei den Studenten sehr beliebt; nicht selten zeigte man sich dort mit seiner neuesten „Flamme". Vorglühen mit selbst hergestelltem Wein war populär. Steinbrück nutzte anfangs eher Brot und Reis als Rohstoff für dessen Herstellung. Später waren es Äpfel aus dem Fläming und selbst hergestellter Holundersaft.

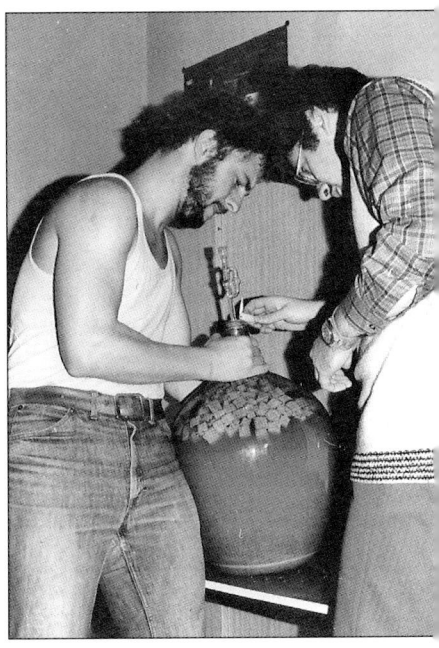

Die Weinproduktion war eine wichtige Grundlage des Studentenlebens. (Foto: Sammlung Frieder Steinbrück)

KAPUSTA AUS LADEBOW
Pfiffige Geschäftsideen

Die Sowjetsoldaten, die nach dem Zweiten Weltkrieg Greifswald besetzt hielten, mochten sauer eingelegte grüne Tomaten und Salzgurken besonders gern. Kein Wunder, dass deren Herstellung in großen Holzbottichen eine gute Geschäftsidee war. Karlhans Gerwien hat sie in der Kraftfahrzeug-Garage des ehemaligen Fliegerhorstes Greifswald in Ladebow umgesetzt. Die Bauten waren der Roten Armee 1945 weitgehend unzerstört in die Hände gefallen.

Die Gerwiens kamen als Flüchtlinge vom Frischen Haff nach Ladebow und mussten sich hier eine neue Existenz aufbauen. Ihre Firma stellte außerdem Sauerkraut her, erzählt Tochter Annemarie Gerwien-Ludwig. Sauerkraut ist der wichtigste Bestandteil des in der slawischen

Kasernen des Fliegerhorstes Ladebow (Foto: Sammlung Erwin Peters)

Welt sehr beliebten Krautsalats Kapusta. Etwa 20 Mitarbeiter verarbeiteten 40 000 Zentner Kohl im Jahr. Er wurde mit oder ohne Stiefel gestampft. Die Fußbekleidung kam, wenn es denn genehmigt wurde, vom Flugplatz Tutow. Die Rote Armee hatte zunächst die Flugplatzsiedlung Ladebow räumen lassen. Im Sommer 1946 durften die Deutschen zurückkehren. Annemarie Gerwien-Ludwig erzählt, die Sanitäranlagen in den Wohnungen seien demontiert gewesen. Statt auf einem Herd musste man auf einer Eisenplatte kochen, die auf Steinen stand. Karlhans Gerwien starb nur 37-jährig bei einem Unfall. Seine Frau führte den Betrieb bis 1953 weiter. Als es einmal Qualitätsprobleme gab und Sauerkraut verdarb, wurde es zum Stopfen von Straßenlöchern genutzt. Es soll danach bis Greifswald gestunken haben.

In anderen Bauten der Kraftfahrzeug-Garage hatte die aus Stettin stammende Motoreninstandsetzungsfirma Schünke eine Werkstatt zum Zylinder- und Kurbelwellenschleifen mit etwa 50 Mitarbeitern eingerichtet. Zunächst wurde für die Rote Armee gearbeitet, dann für den gesamten Markt. Es war der einzige Betrieb dieser Art in Mecklenburg-Vorpommern. Über Zwischenstufen ging der Ladebower Betrieb im Kraftwagenausbesserungswerk (KAW) der Deutschen Reichsbahn in Greifswald auf.

Schnaps aus Kartoffeln

Das Sammeln von Granatsplittern war damals ein Spiel. Erwin Peters erinnert sich, dass die Jungs mit gefundener Munition spielten. Mit Stangen suchten die Ladebower im Gelände außerdem erfolgreich nach vergrabenen Vorräten. Nicht immer war die Beschriftung erhalten – es wurde auch mal mit Rizinusöl gebacken, mit fataler Wirkung. Um zu überleben, mussten die Grenzen der Legalität überschritten werden. Aus gestohlenen Zuckerrüben – sie wurden in Wieck verladen – kochten die Menschen Sirup.

„Die Kutter lagen schief, weil es so viele Fische gab", erzählt Erwin Peters. „Wir haben uns Heringe in die Hosen gestopft. An der Wiecker Brücke hat die Polizei kontrolliert. "

Kartoffeln besorgte man sich in Eldena, wo die inzwischen abgerissene Brennerei des früheren Universitätsgutes Schnaps aus Erdäpfeln produzierte. Die Nahrung reichte oft nicht für alle. Einquartierte Sowjetsoldaten versorgten die Kinder manchmal mit Butter, Zucker und Schokolade. Idyllische Verhältnisse herrschten auch in Wieck nicht. Es wird von Vergewaltigungen und Übergriffen erzählt. Dass es die Unternehmen Schünke und Gerwien nach der kampflosen Übergabe am 30. April 1945 überhaupt gab, war nicht selbstverständlich. Die Sprenglöcher für den Fliegerhorst waren schon gebohrt. Gerwien und Schünke konnten in Berlin-Karlshorst, dem Sitz der Sowjetischen Militäradministration in Deutschland (SMAD), die Aufschiebung der Sprengung erreichen. Die Rote Armee durfte laut Potsdamer Abkommen mit dem 1,3 Quadratkilometer großen und 1936 eingeweihten Fliegerhorst nach ihrem Ermessen umgehen. Am 17. April 1947 befahl die SMAD, dass „die Territorien der operativen Flugplätze an den Fonds der Bodenreform für Umsiedler und landarme Bauern zu übergeben" sind. Das war das Todesurteil für die sechs großen Flugzeughallen und fast alle anderen Gebäude. Gewonnene Steine wurden beispielsweise für den Bau von Wohnhäusern genutzt, das Flugplatzgelände für die Landwirtschaft. Ein prominentes Beispiel für das Materialrecycling ist das Ostseeviertel. Heute gibt es außer der Mauer an der Straße, der Flugplatzsiedlung und ein paar Resten früherer Anlagen nichts mehr.

KURZE RÖCKE UND LANGE HAARE
Gefangen und zum Friseur gebracht

In den 1960er Jahren konnte es passieren, dass junge Männer mit langen Haaren von Ordnungskräften weggefangen und zum Friseur gebracht wurden. An manchen Schulen ging man per Schulordnung gegen die „Gammler" vor. Schlaghosen trugen nun auch DDR-Bürger, ebenso wie bunte Batikblusen und -gewänder, Blumenschmuck und Jesuslatschen nach westlichem Vorbild. Die Beschaffung war für Menschen ohne Westbeziehungen allerdings schwierig. Minikleider und Miniröcke wurden unabhängig von der Schönheit der Beine Normalität. Frauen steckten die Haare hoch. Jüngere Frauen liefen auch schon mal mit wilderen Frisuren durch die Stadt. Und die Haare wurden bei einem Teil der jungen, männlichen Greifswalder auch zusehends länger.

Jugendweihe 1987 an der Fischerschule: Brav sahen sie aus, die jungen Leute. (Foto: Sammlung Peter Multhauf)

Anfang der 1970er Jahre schließlich wurden solche Frisuren und wild wachsende Bärte auch in der DDR akzeptiert. In den 1970er Jahren war dann die Freizeitmode betont legerer mit zum Beispiel Studentenkutten und Parkas. Kritiker nannten das gammlig. Niemand wollte mehr brav aussehen. Frauen hatten es modisch leichter. Kurze Hosen mit Trägern und kurze Overalls tauchten schon in den 1960er Jahren im Stadtbild auf. Mit sehr kurzen Hosen für Mädchen war die Republik sogar dem Westen voraus. Hotpants wurden erst nach 1970 europaweit so richtig populär. Mit der Jugendmode (JuMo) mit eigenen Geschäften versuchte die DDR, die Bedürfnisse der jungen Leute wenigstens halbwegs zu befriedigen.

Das Jugendmodegeschäft in der Knopfstraße (Foto: Jürgen Rother)

Die lange von der Obrigkeit bekämpften „Nietenhosen" wurden in der DDR immer populärer. Ende der 70er gab die Regierung nach. Es wurden originale Levi's-Jeans importiert. Außerdem produzierten volkseigene Betriebe nun Jeansmarken wie „Goldfuchs" und „Wisent", die es in der JuMo gab. Das Greifswalder Geschäft befand sich im Obergeschoss des Eckgebäudes Lange Straße/Knopfstraße. Für viel Geld konnte sich jedermann im „Exquisit" in der Langen Straße (heute Gaastra) einkleiden.

DIE LEGENDÄRE FLEISCHERWIESE
Keiner wollte mehr weg!

Der Wohnheimkomplex Fleischerwiese am Bahnhof ist eine Greifswalder Legende. Mehrere Tausend ehemalige Studenten erzählen vom großen Zusammenhalt, von gegenseitiger Hilfe und großen Partys. Ausziehen wollte kaum jemand aus der „Wiese", auch nicht nach dem Bau moderner Heime in der Makarenkostraße Mitte der 1970er Jahre. Die erste Begegnung mit dem unterirdischen Komfort der Fleischerwiese war bei der Ankunft zwar sehr ernüchternd, aber nach kurzer Zeit wollte eigentlich keiner mehr weg. 1953 wurden die Baracken mit Doppelbetten in Mehrbettzimmern und pro Flur mit je einem Gemeinschaftswaschraum mit fließendem kalten Wasser und einer Küche eingeweiht. 810 Studenten sollten hier künftig wohnen, in der Realität entstanden 759 Plätze. Für sie alle gab es ein gemeinsames Duschhaus.

Chemiestudenten in der Fleischerwiese in den 1970er Jahren (Foto: Sammlung Eckhard Oberdörfer)

614 Kohleöfen sorgten in den Zimmern, den Küchen und den Gemeinschaftsräumen für Wärme. Weil Briketts in den 1950er Jahren knapp waren, kamen auch Braunkohle und Torf als Brennstoff zum Einsatz. Auch Rationierungen waren anfangs an der Tagesordnung. Da die Isolierung sehr schlecht war, konnte es im Winter sein, dass nahe der Tür der Ofen glühte und auf dem Brett am Fenster Schnee lag. Noch bis Mitte der 1970er Jahre wohnten Männlein und Weiblein streng getrennt voneinander, selbst wenn sie verheiratet waren. Später wurden die Heime sogar gemischt mit Mädchen und Jungen belegt. So mancher holte sich „ein Auge voll", wenn sich die Wiese in eine FKK-Landschaft verwandelte. In den Fenstern des benachbarten Instituts für Physikalische Chemie wurden angeblich Männer mit Feldstechern gesichtet.

Die von einem Wiesenfestkomitee organisierten Wiesenfeten zogen ab 1976 bekannte Bands der DDR und Publikum aus der ganzen Republik an. 1979 kamen 2000 Besucher, um City, Diestelmann, Horst Krüger und andere zu hören. In besten Zeiten erschienen 4000 Gäste.

Die Wiesenfete war sehr beliebt. (Foto: Eckhard Oberdörfer)

Steuern wurden nicht bezahlt, das Geld lief über Privatkonten. Manches ist aus heutiger Sicht nur schwer vorstellbar. Ohne Begleitschutz wurden einfach mal 20 000 Mark der DDR von der Fleischerwiese zu einem Panzerschrank in der Sektion Chemie transportiert.

Wohnheimklubs und traditioneller Studentengesang

In der Wiese wurde sehr aktiv der traditionelle Studentengesang gepflegt. Lieder lernten die neuen von den älteren Kommilitonen. Hier erblickte der Wiesengesangverein 1982 das Licht der Welt, die erste offiziell geduldete Studentenverbindung der DDR. Extrem beliebte Freizeitorte waren die Wohnheimklubs der Chemiker, Physiker und Sportler. Sie wurden auch von Nicht-Universitätsangehörigen besucht. Das war eigentlich verboten, aber die Wache am Eingang, das „Aquarium", bot nur Scheinsicherheit. Die Studenten, die dort zwangsweise sitzen mussten, kontrollierten nicht. Auch Brandschutz wurde sehr klein geschrieben. Die Feuermelder nutzten Kneipenheimkehrer, um über ihre Rückkehr zu informieren. Es gab keine Hydranten. 1988 wurden die oberen Etagen freigezogen. Ein Gutachten stellte fest, dass „die Nutzung der Wohnheime in der Fleischerwiese als Studentenwohnheim nicht mehr möglich ist". 1994 brannte Heim V. Das war das Ende, der Abriss der Baracken mit den „Sauerkrautplatten" an den Fassaden folgte.

JAZZ UND DEUTSCH–DEUTSCHE BEGEGNUNGEN
Wurzel in der „Kiste"

Die Eldenaer Jazz Evenings sind ein Greifswalder Festival von internationalem Ruf, das seine Wurzeln in der DDR hat. Die Idee entstand 1980 im FDJ-Studentenclub „Kiste" in der Makarenkostraße, der im Zusammenhang mit dem Bau vier neuer Studentenwohnheime in Schönwalde II entstanden war. Ein Vereinsrecht gab es nicht. Wer kulturell aktiv werden wollte, musste sich an eine Massenorganisation wie Kulturbund, FDJ oder Freier Deutscher Gewerkschaftsbund andocken. Das hatte den Vorteil, dass Fördergelder winkten, in diesem Fall auch von der Abteilung Kultur der Stadt. Hauptsponsor bis zur Wende war in den letzten Jahren das Kernkraftwerk Nord. In der späten DDR gab es größere Freiräume für Kultur. Bei Studenten bot sich die sozialistische Jugendorganisation, die Freie Deutsche Jugend, an. Die „Arbeitsgemeinschaft Jazz" beim Studentenklub „Kiste" der FDJ-Hochschulgruppe „Hans Beimler" der Ernst-Moritz-Arndt-Universität Greifswald entstand. Laut Tilo Braune, dessen Name bis heute mit den Eldenaer Jazz Evenings verknüpft ist, sollten jeden Monat Jazzkonzerte und/oder Schallplatten- und Vortrags-

Zum „harten Kern" der Arbeitsgemeinschaft Jazz gehörten Klaus Steinberg, Dr. Ingolf Sulk (2. von links), Tilo Braune (rechts) sowie Elke Ritter und Klaus Ahrens (nicht im Bild). Das Foto entstand wahrscheinlich 1983. (Foto: Sammlung Tilo Braune)

abende stattfinden. Im Juli 1981 fanden die ersten Jazz Evenings in der malerischen Kulisse der Eldenaer Klosterruine statt. Schon der Auftakt im Jahr der 525-Jahr-Feier der Universität war nicht zuletzt dank bekannter Musiker ein Erfolg und eine Begegnung von Ost und West.

Uwe Kropinski (Gitarre) und Conny Bauer (Posaune) bei den Jazz Evenings 1984 (Foto: Michael Biedowicz)

Albert Mangelsdorff war auch da

Albert Mangelsdorff vertrat die Bundesrepublik, aus Italien kam Andrea Centazzo. Dass sich auch die DDR-Jazzgrößen Ernst-Ludwig Petrowsky und Günter „Baby" Sommer die Ehre gaben, hat nicht weniger zum Erfolg beigetragen. Höhepunkt war die Jam-Session am Abend. Etwa 500 Besucher kamen. Die FDJ stellte eine Ordnungsgruppe, die Stadt spendierte Plakate und ein befreundeter Elektriker sorgte für die nötige Elektroenergie. Mobiliar wurde zusammengeborgt, Eintrittskarten selbst gefertigt. Ohne Toiletten würde heutzutage niemand so eine Veranstaltung genehmigen. Damals gingen die Besucher „in die Büsche".

Tilo Braune hat sich 30 Jahre später launig an die Premiere erinnert: *„Die Sorgen des ABV (Abschnittsbevollmächtigter der Volkspolizei) vor erwartetem Chaos der ‚Gammler', Chaoten, langhaarigen Hirschbeutelträ-*

*gern oder vor sonstigem 'staatsfeindlichen Gesindel' hatte sich nicht bestä-
tigt. Die Klosterruine stand wie seit Jahrhunderten fest und unversehrt am
Platze. Nur unser smarter Kulturverantwortlicher schlug angesichts einiger verstreut im Gebüsch herumliegender Rotweinflaschen der ungarischen
Sorte 'Hügelwein' entsetzt die Hände vors Funktionärsgesicht mit dem immerhin ans Bildungsbürgerliche erinnernden Ruf 'Ein Waterloo!'. Wir be-
ruhigten ihn mit der umgehenden Beräumung des Geländes, so den künfti-
gen Fortbestand des Festivals sichernd. Nach den Konzerten trafen wir uns
mit den Musikern noch im Klub des Studentenwohnheims und diskutierten
mit ihnen über die Zukunft des Festivals, über Kultur in der DDR-Provinz
und die Jazzszene insgesamt."*

Nicht nur die Musik hat den Eldenaer Jazz Evenings einen nun schon
über 36 Jahre währenden Erfolg beschert.

GEFÄNGNIS FÜR MIESMACHER
Zur „Entgiftung" eingereicht

Stadthalle und Fasching sind zwei Dinge, die jahrzehntelang zusammen-
gehörten. Kraftwerkstechniker und Ingenieure, die aus Rheinsberg nach
Greifswald kamen, brachten das närrische Treiben in die Stadt am Ryck.
Der Faschingsclub Kernenergie Greifswald tagte 1972 bis 1989 im damaligen Kreiskulturhaus, jetzt wieder Stadthalle, in der Robert-Blum-Straße.
Die Veranstaltungen sind für Generationen von Greifswaldern zur Legende
geworden. Hunderte Menschen tummelten sich auf den rund sechs Veranstaltungen, die an den Wochenenden vor und nach Rosenmontag gefeiert
wurden. Die Karten waren begehrt, und das Anstehen an der Theaterkasse
im Morgengrauen gehörte zum närrischen Pflichtprogramm. Das ausge-
feilte Programm und die gute Ausstattung waren von Anfang an das Mar-
kenzeichen des närrischen Treibens. Die Faschingsplaner des Vereins wurden von der Arbeit freigestellt, damit die Requisiten gebaut werden konnten und ausreichend Zeit zum Einstudieren der Programme blieb.

*Der Elferrat des
Faschingsclubs
Kernenergie sorgte
für Megapartys.
(Foto: Sammlung
Herbert Lafery)*

Professionelle Unterstützung für die aufwändige Kostümierung kam außerdem vom Theater und aus den Filmstudios in Babelsberg. „Faschingsball im Moulin Rouge" (1982) oder „Im Restaurant des Zentralflughafens Schönwalde" (1976), „Alltag im Norden" (1986) oder „Hinein in die Steinzeit" (1983) sind Beispiele für Mottos der Programme. Auch wenn die Narren relativ frei in der Gestaltung waren, mussten die Programme zunächst im Kernkraftwerk bei einer „gewissen Stelle" zur „Entgiftung" eingereicht werden.

Freikaufen oder freiküssen

Der Spaß am Fasching feiern stand an erster Stelle. Ein griesgrämiges Gesicht oder Verweigern des Helau-Rufes rief die Ordnungsgruppe auf den Plan. Die fahndete im Saal nach groben Verstößen gegen das Amüsiergebot und hat so manchen Narren ins Gefängnis gebracht. Um wieder mitfeiern zu können, musste sich der Delinquent entweder freikaufen oder freiküssen lassen. Das Heiratskabinett wurde rege genutzt. So manch ein Narr oder auch Närrin hat an einem Abend gleich mehrere Eheschließungen beurkunden lassen.

Auch in puncto Musik hatte der Fasching so einiges zu bieten. Es gab bis 1989 immer Livemusik. Als die Neue Deutsche Welle in den 1980er Jahren ihre große Zeit hatte, war auch in der Diskothek im Foyer „voll Party" angesagt. Das vorläufige Aus für den Fasching im Kreiskulturhaus kam im Herbst 1989 mit der Schließung des Hauses, was die Narren jedoch nicht vom Weiterfeiern abhalten konnte. Die Mensa, das Logenhaus, die Klosterschänke in Eldena und seit einigen Jahren die Schwedenschanze in Weitenhagen wurden Heimstätte des FCK.

Faschingsumzug in den 1950er Jahren

„Vom tollen Rosenmontag der Greifswalder Narren" berichtete die Ostsee-Zeitung am 23. Februar 1955:

„In den Straßen Greifswalds herrschte gestern beim ersten Rosenmontagsfestzug eine fröhliche Stimmung. Ob alt, ob jung, wer es nur irgend möglich machen konnte, war auf den Beinen, um beim närrischen Treiben dabei sein zu können. Es war ein Ausdruck der Lebensfreude, wie ihn Greifswald nach 1945 wohl noch nicht wieder erlebt hatte. Mit ihren Trommeln und Fanfaren eröffneten die kostümierten Jungen Pioniere den tollen Narrenzug. Ihnen folgten Prinz Rudi und Prinzessin Helga in ihrer Galakutsche, die Leibgarde, die Funkengarde und viel närrisches, buntbemütztes und verkleidetes Volk. Der Narrenrat schritt etwas zu würdig daher, und die sieben Schwaben

mussten ihm mit ihrem langen Spieß den Weg bahnen. Der Ruf ‚Ryck ahoi‘ erklang. Verwegene Indianerinnen und lustige Bajazzos tanzten durch die Stadt. Viel gelacht wurde über das Mädchenpensionat mit seiner Gouvernante und dem schrulligen Pädagogen vergangener Zeiten. Auch die Ryck-Matrosinnen und der Käpt'n Brass mit seinem Enterhaken fehlten nicht ... Am tollsten war der Trubel auf dem Platz der Freundschaft (Markt), als das Prinzenpaar den tollen Narrenzug an sich vorbeiziehen ließ."

Der Faschingsumzug 1955 war ein Publikumsmagnet. Hier ist er am Markt angekommen.

Der Umzug am Platz der Freiheit. (Fotos: Sammlung Annemarie Schröder)

Rudi Brüggemann hatte das Großereignis unter Einbeziehung einiger Familienmitglieder organisiert, erinnert sich Tochter Annemarie. Wohl im Auftrag des Kulturbundes, dessen Mitglied er war. Brüggemann war Prinz Rudi I., die Prinzessin war die Tochter eines Fleischermeisters. Detlef Hohn fungierte als Hofnarr. Erhaltene Fotos erzählen von der Erstürmung des Rathauses und der Arretierung von Bürgermeister Oskar Mirus. Die Fahrt von der Wolgaster Straße zum Markt mit der vierspännigen Kutsche dauerte drei Stunden. 100 Kilogramm Bonbons wurden verteilt. Kutscher war Ernst Brüggemann. Eine Büttenrede hielt der Chef der Nervenklinik, Prof. Hanns Schwarz, zum Thema „Analyse des Greifswalder Humors". 1956 fand noch einmal ein Umzug statt. Da weniger Geld zur Verfügung stand, war er nicht ganz so prächtig, berichtet Annemarie Schröder. Es war das letzte Jahr von Bürgermeister Mirus, ihm folgte Horst Warnke. Vielleicht war auch das eine Ursache, warum es keine Fortsetzung gab. Da Warnke im April 1957 in den Westen ging, folgte auf ihn noch im gleichen Jahr Inge Pautsch.

DENKMAL DES SOZIALISMUS
Gemälde wurde nach 1990 entsorgt

B is vor wenigen Jahren konnte die Hansestadt ein vielleicht einmaliges Denkmal des Sozialismus aufweisen. Das über 100 Quadratmeter große Gemälde schuf der Ueckeritzer Künstler Manfred Kandt 1973 bis 1976 auf Gips-Asbest-Platten. Drei Jahre später wurde es an der damaligen Schülergaststätte in Schönwalde I am Ernst-Thälmann-Ring/Ecke Lomonossowallee angebracht. Das Gebäude war später eine Diskothek.

Schönwalde I: Schülergaststätte und Brunnen (nicht mehr vorhanden) am Tag der Einschulung 1981. (Foto: Jürgen Rother)

Der Greifswalder Kunsthistoriker Prof. Bernfried Lichtnau, ein Spezialist für DDR-Kunst, hat das Gemälde 1986 in den Neuen Greifswalder Museumsheften so beschrieben: „In einem großen thematischen Bogen führt die Bildaussage von den Abwehrkämpfen der Budjonny-Reiter über Lenins genialen Elektrifizierungsplan Goelro zur Bändigung der Energie – insbesondere der Kernenergie – über Kosmos- und Atomforschung bis zur kühnen Vision des Obstanbaus unter polaren Bedingungen." Dies sei eine „künstlerische Reflexion auf den internationalistischen Bau des Kernkraftwerkes in Lubmin". 2006 wurde das Kandt'sche Gemälde entgegen dem vor zehn Jahren erfolgten Votum der Arbeitsgruppe „Kunst im öffentlichen Raum" entsorgt. Das Goelro-Gemälde war bereits in den 1990ern eingelagert worden.

LINIENVERKEHR ZUR INSEL RIEMS
Nur mit der Seilbahn zu erreichen

Greifswald ist stolz auf den größten deutschen Museumshafen. Kaum noch vorstellbar, dass es nicht schon immer eine Fußgängerbrücke über den Ryck gab. Sowohl das Nord- als auch das Südufer sind neu gestaltet worden. Der Museumshafen ist heute einer der beliebtesten Freizeitorte der Greifswalder und ihrer Gäste. Das war vor 1990 schlichtweg unvorstellbar. Ladebow war noch ein Hafen der Volksmarine, und der Stadthafen begann an der Steinbecker Brücke. Bis zum Flächenabriss in den 1980er Jahren reichte die Bebauung bis an den Fluss. Es gab noch keine Parkplätze. Als der Volkseigene Betrieb (VEB) Hafen Greifswald 1958 gegründet wurde, zählte dieser 24 Mitarbeiter. 1965 wurde ein Umschlag von 340 000 Tonnen erreicht. Die Greifswalder Hafen- und Lagergesellschaft als Pächter des jetzigen Stadthafens würde sich heutzutage über so ein Ergebnis freuen. Das Segelschulschiff „Wilhelm Pieck" legte mehrfach in der Altstadt an.

Der Ryck war in der DDR eine wirtschaftliche Schlagader der Stadt.

Die Fläche am Fangenturm war Umschlagplatz. (Fotos: Jürgen Rother)

Auch ein größeres Kampfschiff der Volksmarine reiste einmal bis in die Altstadt. Es gab bis Anfang der 1970er Jahre sogar einen Linienverkehr von hier zur Forschungsinsel Riems. Diese war bis 1971 ansonsten nur per Seilbahn von Riemserort aus erreichbar. Für die Schiffsverbindung sorgte die 1950 in Dienst gestellte „Geheimrat Loeffler II". 1977 schlugen 42 Beschäftigte des VEB Hafen Greifswald sogar 548 000 Tonnen um. 120 Schiffe wurden ent- und 48 Schiffe beladen. Im gleichen Jahr wurde die Rekonstruktion der Kaianlage abgeschlossen. Auch die Eisenbahnanbindung funktionierte gut. Dass es auf dem Greifswalder Bahnhof noch ein Rangiergleis gab, hat das sicher erleichtert. Immerhin 9006 Waggons wurden 1977 abgefertigt. Dieses Jahr war ein wirtschaftlicher Höhepunkt für den Stadthafen. Das Autobahnbaukombinat, das Ingenieur- Tief- und Verkehrsbaukombinat nutzten Greifswald intensiv für den wichtigen Baustoffumschlag. Fünf Raupendrehkrane und ein Autodrehkran standen den Hafenarbeitern zur Verfügung.

SCHIFFBAU FÜR DIE STÖRTEBEKER-FESTSPIELE
Umbau von vier Wasserfahrzeugen zu Hansekoggen

Die Buchholzsche Werft an der Nordseite des Ryck wurde in den letzten Jahren als lebendes Denkmal, als weitere maritime Perle Greifswalds, blank geputzt. Die Museumswerft ist heute eine Selbsthilfewerkstatt und ein Veranstaltungsort. Besuch ist erwünscht. Die großen Schiff-bautraditionen Greifswalds setzen HanseYachts am Ryck und Unterneh-mer Michael Schmidt in Ladebow fort. In der DDR tat das der VEB Boots- und Reparaturwerft Greifswald. Er ging aus der Buchholzschen Werft hervor, dem Nachfolger des durch den Bau der Wiecker Klappbrü-cke bekannten Spruthschen Unternehmens. Der schwer kriegsversehrte Willi Buchholz führte das Unternehmen bis 1953, dann ging er in den Westen. 1971 wurde der Greifswalder Betrieb Teil der Stralsunder Volks-werft. Die Werft der Boddenstadt hat nicht nur für den Bau einer Reihe von Fischereifahrzeugen gesorgt. So lief hier 1950 der erste 32-Meter-Kutter der DDR, die „Neues Deutschland", vom Stapel. Es war damals das größte Fischereifahrzeug der Republik. Die am Ryck zunächst als For-schungsschiff gebaute „Friedrich Ludwig Jahn" gehörte 1958 bis 1972 als Schulschiff der Marinetechnikschule in Wieck. Vier Fahrgastschiffe wur-den in Greifswald von den über 100 Mitarbeitern gebaut. Etwas ganz Be-sonderes, das für große Aufmerksamkeit sorgte, war der Umbau von vier Wasserfahrzeugen zu Hansekoggen im Jahre 1980. Eine davon war die „Waase", die lange zwischen Rügen und Ummanz und dann zwischen Rügen und Hiddensee unterwegs war.

Bei den Störtebekerfestspielen in Ralswiek (Fotos: Jürgen Rother)

Umbau eines Schiffs zur Hansekogge in Greifswald

Die Koggen wurden für die Neuauflage der Rügenfestspiele (1980 bis 81)in Ralswiek gebaut. Auf der Insel wurde die Dramatische Ballade „Klaus Störtebeker" des DDR-Natonalpreisträgers Kurt Barthel (KuBa) unter der Leitung von Hans Anselm Perten 1959–61 erstmals aufgeführt. 1000 Frauen und Männer wirkten mit. Barthel war viele Jahre Chefdramaturg des Rostocker Volkstheaters. Perten hatte schon 1959 bei der Erstaufführung von „Klaus Störtebeker" Regie geführt. Er hat 1958 bis 1985 für das Volkstheater gewirkt und gilt heute als Schöpfer der sehr erfolgreichen Ralswieker Störtebeker-Festspiele der Gegenwart.

VON DER BISMARCK– ZUR SPORTLERSÄULE
Kartoffelstampfer als „Fackel"

Der erste Reichskanzler Otto von Bismarck hat nach dem Zweiten Weltkrieg sein Straßenpatronat an Johann Sebastian Bach verloren. Auch die Gedenktafel an seinem Wohnhaus am gleichen Verkehrsweg gibt es nicht mehr. Das Gebäude in der Bachstraße fiel der Abrissbirne zum Opfer. Dennoch wurde auch in der DDR gern erzählt, Bismarck habe in Greifswald studiert, sich duelliert und im Karzer gesessen. Dabei war er nur als Soldat, als einjährig Freiwilliger, 1838/39 in der Stadt. Bismarck hat an der Landwirtschaftlichen Akademie Eldena einige Vorlesungen gehört und sich später ziemlich abfällig über diese Lehranstalt geäußert. Eine der im Kaiserreich populären Bismarcksäulen hat sich Greifswald 1900 dennoch gegönnt. Experten meinen, dass das Bauwerk an der Wolgaster Straße unsterblichen literarischen Ruhm erlangt hat. Denn zu einer Szene in Heinrich Manns Roman „Der Untertan" hat sich der Schriftsteller wahrscheinlich von einem Vorfall bei einer Bismarckfeier der Kaiserzeit in Greifswald inspirieren lassen. Bruno Kley, ein Mitglied des Corps Pomerania, hatte bei starkem Wind eine Fahne losgelassen. Das führte zu ziemlichem Wirrwarr. Der Reichskanzler hatte zwischenzeitlich auch sein Patronat über die große Säule auf dem sogenannten Epistelberg an der Wolgaster Straße, gegenüber dem Volksstadion, verloren. Das Bauwerk wurde im Juli 1960 während der damals alljährlich stattfindenden Ostseewochen zur Sportlersäule. Die Bronzeplatte mit dem Relief des Reichsadlers wurde entfernt. Stattdessen zierte nun ein kniender Sportler mit einer Fackel und den olympischen Ringen darüber die Säule.

Modell stand einer der später bekanntesten Greifswalder Professoren, der damalige Sportstudent Peter Hirtz. Nach den Erinnerungen von Hirtz kam Ende 1959/Anfang 1960 ein Vertreter des Deutschen Turn- und Sportbundes (DTSB) zu den Sportstudenten in sein Wohnheim in der Fleischerwiese, um ein Modell zu finden. Die Voraussetzung: Der Student musste schlank sein und Geduld aufbringen können. Peter Hirtz wurde ausgewählt. Wenige Tage später saß er im Atelier des Greifswalder Bildhauers Hans Prütz (1902 und 1972) in der Straße der Freundschaft (Lange Straße) auf dem Sofa und hielt einen Kartoffelstampfer als „Fackel" in der Hand. Das Relief hielt nicht so lange wie die Bronzeplatte mit dem Adler. Es müsste aufwändig restauriert werden und wurde eingelagert. Eine Zweitausfertigung kann in Züssow be-

Die Sportlersäule mit dem Fackelträger (Foto: Jürgen Rother)

wundert werden. Die Sportlersäule heißt seit 1991 auf Beschluss der Bürgerschaft wieder Bismarcksäule.

DIE FEIER DER FRAUEN
Schöne Fete, auf der ordentlich was los war

Der Internationale Frauentag, der 8. März, gehörte in der DDR und damit natürlich auch in Greifswald für viele zu den Höhepunkten im Alltag. Er sollte ein Zeichen für die Gleichberechtigung und für die Wertschätzung der Frau sein. Der in der NS-Zeit gefeierte Muttertag wurde nur privat begangen und hatte eine angestaubte, ja rückwärtsgewandte Aura. Dass die deutsche Sozialistin Clara Zetkin auf der Zweiten Internationalen Sozialistischen Frauenkonferenz 1910 in Kopenhagen die Einführung eines internationalen Frauentages vorgeschlagen hatte, wurde in Reden aus diesem Anlass gern erwähnt. Dass am 8. März 1917 des Julianischen Kalenders (23. Februar des Gregorianischen Kalenders) in Petrograd (St. Petersburg) Arbeiter- und Soldatenfrauen streikten und damit die Februarrevolution in Russland auslösten, die zum Sturz des Zaren führte, war dagegen selten Gegenstand solcher Beschwörungen einer großen Tradition.

Gute Stimmung bei der Frauentagsfeier in der August-Bebel-Schule

Anstoßen auf die Damen (Fotos: Sammlung Eckhard Oberdörfer)

Ab 1921 war der 8. März das offizielle Datum des Frauentags. Und seit 1946 wurde er in der Sowjetischen Besatzungszone und dann in der DDR gefeiert. Ein freier Tag war es indes nicht. Aber es gab Festveranstaltungen und Auszeichnungen. Weil in der DDR die Beschaffung von Schnittblumen im März schwierig war, griffen die Verantwortlichen häufig auf Topfpflanzen zurück. Im Lauf der Zeit, ab Mitte der 1970er und noch mehr in der 1980ern Jahren, wurde der Frauentag immer stärker zur Party mit weniger Ideologie. Den Damen wurde gratuliert. Es gab Kuchen, und der Chef schenkte den Kaffee ein. Reichlich Alkohol floss bei vielen solcher Feiern, und das Tanzbein wurde kräftig geschwungen. Als schöne Fete, auf der ordentlich was los war, und nicht mit großen Reden von der verwirklichten Gleichberechtigung in einer immer noch von Männern dominierten Arbeitswelt der DDR bleibt der Frauentag in der Erinnerung.

DER DDR-VOLKSWAGEN
VW Golf und Mazda für Auserwählte

Autofahren in der Greifswalder Innenstadt vom Platz der Freiheit bis zum Karl-Marx-Platz ist heute zumindest am Tage für alle verboten. Umsonst parken für Gäste im Zentrum ohne Knöllchengefahr geht genauso wenig. Nur wirkliche Kenner wissen gleich, zu welcher Marke, zu welcher Klasse jeder Pkw gehört, der heute in der Hansestadt fährt. Das war zu DDR-Zeiten ganz anders. Sicher gab es Autos aus anderen Ländern des Rates für gegenseitige Wirtschaftshilfe (RGW) wie Skoda, Dacia, Polski Fiat, Lada, Moskvitch und so weiter. 1978 beziehungsweise 1981 wurden für ausgewählte Personengruppen PKWs „VW Golf" und „Mazda" eingeführt, aber das änderte nicht viel am Straßenbild. Dass die Mitglieder des Politbüros des ZK der SED per Volvo von ihrem Wohnort Wandlitz nach Berlin reisten, war indes nicht nur allgemein bekannt, sondern vielen Menschen ein Ärgernis, über das viel diskutiert wurde. Der DDR-Volkswagen „Trabant" mit seiner viel geschmähten Karosse, die größtenteils aus baumwollverstärktem Phenoplast besteht, beherrschte das Straßenbild. Mit seinem Zweitaktmotor (26 PS beim Trabant 601, der ab 1964 vom Band lief) knatterte er durch die DDR. Dass zum Tanken die Motorhaube hochgeklappt werden musste, hat den Kindern aller nach dem Mauerfall in den alten Bundesländern oder der Alpenrepublik erworbenen Freunde sehr imponiert. „Sind die Autos alle kaputt", fragte mich im Frühjahr 1990 der 9-jährige Sohn eines Österreichers an einer Tankstelle beim Anblick der geöffneten Motorhauben. Die Umstellung des Trabant auf den Viertaktmotor des VW Polo bei kaum veränderter Karosse erfolgte erst kurz vor dem Ende der Republik. Im Herbst 1989 wurde der „Kohlekasten mit Einfüllstutzen", wie die Kombivariante des Trabant 1.1 wegen ihres Aussehens verspottet wurde, vorgestellt. Die Limousine sollte 18 900 Mark kosten, etwa 6000 Mark mehr als der Vorgänger. Aber kurz nach der Wende war das zu viel. Aus dem trotz des hohen Preises sicheren Verkaufsschlager wurde ein Flop. Nicht viel besser ging es dem zweiten DDR-Autoprodukt, dem Wartburg. Im Oktober 1988 kam die Viertakt-Variante mit Golf-Motor, der Wartburg 1.3, in den Handel. Ich hatte eine Bestellung vom 4. Januar 1975, das Auto sollten meine Eltern bekommen, der Grundpreis für den 353er lag bei 18 000 Mark. Viel Geld, 1988 lag das Durchschnittseinkommen der DDR-Bürger bei 1300 Mark im Monat.

Tauschgeschäft: „Blaue Fliesen" für Pkw

Bestellungen für die Familie waren üblich. Die Wartezeiten von deutlich über zehn Jahren wurden dadurch verkürzt. Über die Hälfte der Familien im Arbeiter- und Bauernstaat verfügte über mindestens ein Auto. „Meinen" Wartburg hätte ich im Februar 1990 bekommen können. Zum Glück entschieden wir uns dagegen, über 33 000 Mark für den Wartburg 1.3 auszugeben. Trotz der im Vergleich zum Einkommen extrem hohen Preise waren Autos sehr begehrt. Anders als heute gab es praktisch beim Gebrauch kein Sinken des Marktwertes. Wer Westgeld besaß, der bot „blaue Fliesen" in Zeitungsannoncen für Pkw. Basteln am Auto war normal.

An der Roßmühlenstraße standen fast nur DDR-Volkswagen. (Fotos: Jürgen Rother)

1975 fuhren die Theatergäste mit dem Trabant vor.

Ersatzteile wurden vorsorglich gekauft, weil es sie nicht immer gab. Der Greifswalder Laden in der Anklamer Straße/Ecke Brinkstraße hatte mehr als genug Kunden. Mein Vater lagerte zwei Auspuffanlagen für den Trabant in der Garage. Ein Beispiel dafür, dass durch den Vorratskauf der Mangel verschärft wurde. Selbsthilfe und gegenseitige Hilfe bei Reparaturen waren in der DDR weit verbreitet. Aber manchmal ging es nicht ohne die professionelle Hilfe, beispielsweise der PGH „Gute Fahrt". 1975 beschloss der Ministerrat der DDR, dass alteingesessene Privatfirmen doch nicht volkseigen oder Produktionsgenossenschaften des Handwerks (PGH) werden mussten. Diese neue Möglichkeit nutzte unter anderem Gerhard Beyer in Greifswald. Er übernahm ein Jahr später die damalige Kfz-Elektrikfirma an der Anklamer Straße, heute eine augenärztliche Gemeinschaftspraxis. Kfz-Meister wurde er 1986, übrigens gemeinsam mit seinem Sohn.

ZU BESUCH BEI „HÄNSCHEN"
Mit Hausschuhen in die Kneipe

Auch in der DDR-Zeit gab es in Greifswald Gaststätten mit ganz besonderem Charme und langer Tradition. Dazu gehörte der Greifswalder Hof der Familie Passow in der Langen Straße. Gäste kamen erst nach einer Gesichtskontrolle hinein. „Klingelhänschen" hatte deshalb eine Kette an der Tür. Eine Legende war die gebratene Leber von Frau Passow. Es gab sehr viele Stammgäste. Dazu gehörte ein Chemieprofessor, der in Hausschuhen aus seiner gegenüberliegenden Wohnung in der damaligen Straße der Freundschaft in die Kneipe kam. Ein bisschen Kitsch gehört zum Leben, und im Fall des Greifswalder Hofs war die originelle Ausstattung eine Voraussetzung für Gemütlichkeit. Der Biologe Dr. Henry Witt stiftete dem Greifswalder Hof Schnecken und Muscheln, die er von einem Vietnamaufenthalt mitgebracht hatte.

Am Stammtisch des Greifswalder Hofs: Henry Witt, Horst-Diether Schroeder, Lutz Schröder und Hänschen Passow. (Foto: Sammlung Henry Witt)

Weil gezapftes Bier bekanntlich besser schmeckt und Geschäfte damals noch um 18 Uhr schlossen, holten Studenten aus der Fleischerwiese abends bei „Hänschen" Bier. Chemiestudenten aus der Fleischerwiese nutzten dafür eine Milchkanne. Diese hatten sie von der nahegelegenen Molkerei in der Soldmannstraße mitgehen lassen. Legendär war der Stammtisch, an dem der Universitätsarchivar Dr. Horst-Diether Schroeder saß. Keiner verstand es besser als er, pommersche und universitäre Geschichte zu vermitteln. Sein Kenntnisreichtum war legendär. „Er kannte eine Karte zur Wasserversorgung von Greifswald mit den dafür nötigen Brunnen von 1704, von der nicht einmal der Stadtarchivar wusste", erinnert sich Henry Witt. Noch dazu war Dr. Schroeder ein exzellenter Lateiner. Bei „Hänschen" wurden Geschäfte besprochen und Aktionen organisiert. „Ich hatte Außenwandheizer über Genex, die Geschenkdienst- und Kleinexporte GmbH, bekommen", erzählt Henry Witt über den Beginn eines Geschäfts. Der Hintergrund: Dank Genex konnten Westbürger ab 1956 Waren für D-Mark erwerben und diese als Geschenke in die DDR liefern lassen. Dr. Witt benötigte seinerseits einen Klempner mit Material für den Umbau von Bad und Küche in seiner Wohnung. Innerhalb von 15 Minuten hatte der Stammtisch das Problem gelöst und den Tausch organisiert.

DIE GUTE STUBE WAR PARKPLATZ
„Corso", „Hütte", Milchbar und andere

Der Greifswalder Markt verdankt seine heutige Gestaltung der Vorbereitung der 750-Jahr-Feier der Stadtrechtsverleihung 2000. Zu DDR-Zeiten war die damals Platz der Freundschaft genannte Gute Stube Greifswalds noch Parkplatz und zugleich ein Ort großer Kundgebungen und der Vereidigung von frisch gebackenen Offiziersschülern der Militärmedizinischen Sektion „Maxim Zetkin". Hier sprachen vor den Wahlen zur Volkskammer Abgeordnete wie der Vorsitzende des DDR-Schriftstellerverbandes Hermann Kant (SED) und der Geographieprofessor der Uni Greifswald, Bruno Benthien (LDPD). Damit sie gut zu hören waren, wurde 1966 ein immerhin 18 Meter hoher Mast mit Lautsprechern und Lampen für die gute Ausleuchtung installiert.

Die Gute Stube bot eine Menge Parkplätze.

Sieben Jahre vorher war die Inschrift „plane mit arbeite mit regiere mit" am Rathausgiebel angebracht worden. Dort befindet sich der Eingang zum Rathauskeller. Zu DDR-Zeiten wurde dort in den 1950er Jahren nach längerer Pause wieder eine Gaststätte eröffnet. Zuletzt als Ratsweinkeller war es ein beliebter Ort gehobener Gastronomie. Ein Ausleger mit einer Traube wies lange Zeit den Weg in diesen Keller. Heute befindet sich dieses Kunstwerk aus dem 18. Jahrhundert passenderweise am Weinhaus auf der Nordseite des Marktes. Am Platz der Freundschaft gab es schon damals eine ganze Reihe von Gaststätten. Die

In der DDR wurden viele Ausleger an den Häusern angebracht, so wie hier an der „Hütte" an der Marktostseite. (Fotos Jürgen Rother)

Milchbar an der Ecke Johann-Sebastian-Bach-Straße war nach der Schließung des berühmten „Corso" in der Mühlenstraße zugleich Schallplatten-Tanzbar. So hieß das in einer Zeit, als zum Tanz in der Regel noch eine Gruppe, eine Kapelle, spielte. Eine beliebte Adresse für die Greifswalder war ferner das Restaurant Markt 13, die „Hütte". Sie hieß nach dem Zweiten Weltkrieg zunächst „Maxim-Gorki-Gaststätten", war auch mal Fischrestaurant. Der „Goldbroiler Zur Hütte", so die nächste Bezeichnung, war sehr beliebt. Diese Hähnchensorte war ein echter Renner.

AUS „MAGNET" WURDE HUGENDUBEL
Konsumtempel der DDR

So manches traditionelle Greifswalder Geschäft aus DDR-Zeiten ist nach der Wende verschwunden. Andere Anbieter nutzen heute die Ladenlokale. „Tchibo" im Schuhhagen beispielsweise war in der DDR ein Schuhladen. Die Boddenbuchhandlung hatte ihren Platz in der heutigen Commerzbank an der Nordseite des Marktes (Markt 7). Markt 5 war auch eine beliebte Adresse. Hier empfing ein Reisebüro seine Kunden. Das war in der DDR mit ihren sehr eingeschränkten Reisemöglichkeiten schon etwas Besonderes. Stoffe kaufte man bei „Kraudzun" (früher Rubien) im heutigen Parfümladen neben der Milchbar. Die empfing Ecke Johann-Sebastian-Bach-Straße ihre Kunden, heute befindet sich im Haus die Deutsche Bank. Raumkunst nannte Günther Teichmann sein Geschäft für Innendekoration. An der Ecke zur Knopfstraße betrieb seit 1927 Emil Teuthorn das „Obsthaus am Markt". Nach 1945 lief das Geschäft nicht mehr, Teuthorn gab den Laden schließlich an die Handelsorganisation (HO) ab. Er versuchte sich als Markthändler. 1959 starb Emil Teuthorn. Seit 1976 gehörte das Gebäude der Stadt Greifswald.

Wenn der Eiswagen auf den Markt fuhr, fand er stets genug Kunden. (Foto: Jürgen Rother)

Während des in einen Flächenabriss ausartenden Stadtumbaus der 1970er/1980er stand das Haus zeitweise ohne Nachbarn da. Es wurde innen völlig verändert. Greifswald verfügte zu DDR-Zeiten über zwei Kaufhäuser. Je eines wurde von der Konsumgenossenschaft (Konsum) und von der HO betrieben. Sie boten ihre Waren in Traditionshäusern aus der Kaiserzeit an. Das Konsumkaufhaus Ecke Fischstraße/Lange Straße ist heute der „Schuhhof". Aus dem größten Konsumtempel der DDR am Markt/Ecke Fleischerstraße, dem HO-Kaufhaus „Magnet", wurde ein Kaufhaus der Bücher (jetzt Hugendubel).

DAS MARITIME WAHRZEICHEN
Lehrgänge zunächst in Baracke

Die „Wilhelm", die heutige „Greif", gehört seit Jahrzehnten zu Greifswald. „Wahrzeichen" oder „Flaggschiff" wird das Segelschiff mit Heimathafen Wieck gern genannt. „Wilhelm" beziehungsweise richtig „Wilhelm Pieck" wie der erste und einzige Präsident der DDR hieß die Schonerbrigg. Von 1954 bis 1989 haben rund 25 000 junge Leute in Wieck eine seemännische Ausbildung erhalten. Sie besuchten die GST-Marineschule „August Lütgens" auf der Südseite des Ryck. Die Ausbildungsstätte der Gesellschaft für Sport und Technik (GST) schloss noch vor der Wiedervereinigung ihre Pforten. Das Gebäude nutzt heute das Maritime Jugenddorf Wieck (Majuwi). Die „Wilhelm Pieck" segelte von hier aus über die Ostsee.

Die Schulschiffe „Wilhelm Pieck", die „Artur Becker" und die „Ernst Thälmann" lagen in Wieck.

Viel Komfort gab es nicht für die Kursanten auf dem GST-Segelschulschiff. (Fotos: Jürgen Rother)

Die Erinnerung an diese Fahrten hat sich unauslöschlich in das Gedächtnis tausender Bürger im Osten Deutschlands eingegraben. Gebaut wurde die Schonerbrigg 1951 als Geschenk zum 75. Geburtstag Piecks. Er schenkte das Schiff an die Jugend der DDR weiter. Die GST, eine der sogenannten Massenorganisationen der DDR, hatte sich der vormilitärischen Ausbildung verschrieben. Sie wurde am 7. August 1952 gegründet. Eigentlich sollte die Marineschule in Rostock entstehen, aber daraus wurde nichts. Für die SED-Bezirksleitung Rostock hatte der Bau des Rostocker Überseehafens Vorrang. Die Hauptabteilung Seesport der GST entschied sich anschließend für Wieck. Der „Zentrale Seesportclub Greifswald-Wieck" wurde 1954 in „Hochseejachtenstation der GST" umbenannt. Der erste Lehrgang fand in einer nicht mehr existierenden Baracke neben dem Restaurant „Utkiek" statt.

Grundstein für Seesportschule

Ebenfalls 1954 ging die „Wilhelm Pieck" in Wieck vor Anker, politisch korrekt am 7. Oktober, dem 5. Geburtstag der DDR. Zu diesem Zeitpunkt existierte die Nationale Volksarmee noch nicht. Sie wurde erst 1956 gegründet. Neben der „Wilhelm" nutzte die Schule weitere Schiffe wie den Seekreuzer „Ernst Thälmann". Das Tauchschiff „Artur Becker" kam 1971 hinzu. 1959 wurde der Grundstein für die Seesportschule gelegt. Drei Jahre später folgte die Einweihung. 1960 fand der erste Tauchlehrgang statt. „Die gemeinsame Aufgabenstellung der FDJ und der GST und ihrer zentralen Seesportschule beinhaltete neben der staatsbürgerlichen Erziehung der Jugend der DDR auch die Traditionspflege", schreibt Historiker Lutz Mohr, der selbst auf der „Wilhelm" fuhr. „Deshalb erhielt die Seesportschule Greifswald Wieck anlässlich des 15. Jahrestages der GST am 15. August 1967 den Namen des roten Matrosen August Lütgens verliehen." Dieser war 1933 von den Nationalsozialisten zum Tode verurteilt worden. Im Jahr der Wende, also 1989, schien sich für die Marineschule und die vormilitärische Ausbildung zunächst nichts zu verändern. Im Juni fanden in Wieck noch die DDR-Meisterschaften im Seesport-Mehrkampf statt. Und am 7. Oktober 1989, dem 40. Jahrestag der DDR, wurde die Marineschule mit der Eintragung in das Ehrenbuch Greifswalds geehrt. Dort waren damals 74 Leute beschäftigt, davon 40 als Stammbesatzung der Schiffe. Die GST löste sich im April 1990 auf. Ein Jahr später erfolgte die Umbenennung der „Wilhelm" in „Greif".

STUDENTEN GEHEN IN DIE „FALLE"
Wirt starb beim Skatspiel

Eine der beliebtesten Greifswalder Kneipen blieb nach 1945 für über zwei Jahrzehnte die „Falle" in der Fischstraße. Die „Falle" war zu Kaisers Zeiten eine deutschlandweit bekannte Studentenkneipe, Fallenwirt Max Pansow eine Berühmtheit. Er stand ab 1894 ein halbes Jahrhundert hinter

dem Tresen und soll 1957 als Gast der Kneipe bei seinem geliebten Skatspiel gestorben sein. Auch viele Professoren kamen gern in die Fischstraße. Die originelle Ausstattung besaß große Anziehungskraft. Auch das Essen wird als vorzüglich beschrieben. Die Greifswalder Gaststätte war eine kleinere Ausgabe berühmter Studentenlokale wie des „Roten Ochsen" und des „Seppl" in Heidelberg. Auf den Tischen waren Namen und Zirkel von Verbindungsstudenten eingeschnitzt, die in der „Falle" zwei Stammtische hatten.

Mitglieder des Geologenstammtisches vor der „Falle" in den 1960er Jahren (Foto: Sammlung Oberdörfer)

In der „Sonne" am Ende der Stein-
beckerstraße diente eines dieser Möbel bis in die Wendezeit als
Stammtisch. Die „Falle" war so bekannt, dass der Deutsche Fernseh-
funk zur 500-Jahr-Feier der Universität in der Gaststätte drehte. In den
Festbänden der Hochschule, die
aus diesem Anlass erschienen, gibt
es sogar ein Kapitel über die „Falle".
Zahlreiche ehemalige Studenten
nahmen 1956 wieder im Gastraum
Platz. Chemiker sind pfiffige und
sparsame Leute. Sie brachten sich

*Skatrunde am früheren Fallen-
Stammtisch in der „Sonne" (Foto:
Eckhard Oberdörfer)*

heimlich Schnaps mit, das heißt destillierten Laboralkohol, um zu sparen.
Andere Gäste wunderten sich, dass die Chemiestudenten schon nach einem
Bier so lustig waren. Universitäre Stammtische entstanden nach 1945 erneut.
Aber auch „normale" Greifswalder saßen seit Gründung der Gaststätte als
Gambrinus-Halle im Jahre 1864 gern am dritten Tisch des Gastraums. Da-
neben gab es noch das Jagdzimmer. Ein berühmter Fallengast war der Geologieprofessor Hans Wehrli, der Autor des Beitrags in den Festbänden. Der
gebürtige Schweizer kam 1954 nach Vorpommern. Fünf Jahre später wurde
er Rektor und blieb das bis 1964. Wehrli gehörte natürlich zum „Winkkom-
mando", das alljährlich am 1. Mai auf der Ehrentribühne mit anderen Honoratioren, wie dem Kampfkommandanten der kampflosen Übergabe am 30.
April 1945, Rudolf Petershagen, stand. In langen Reihen zogen Greifswalder daran vorbei. Damit Wehrli einen Platz in der „Falle" nach der Erfüllung
der Repäsentationspflichten bekam, schickte er seine Studenten, um einen
Tisch zu besetzen. Die mussten sich beeilen, weil der Botanikprofessor Werner Rothmaler mit den Mitgliedern des von ihm 1953 gegründeten Studen-
tenzirkels „Jean Baptiste de Lamarck" ebenfalls gern am 1. Mai in der Fischstraße tagte. Wehrli setzte sich dafür ein, dass die historische Einrichtung der
„Falle" nach einer Schließung 1960 erhalten blieb. Nach fast zwei Jahren öffnete sich die Tür wieder, und die Gaststätte erlebte eine letzte Blütezeit mit
dem neuen Wirt Jochen Krüger, der bis 1969 hinter dem Tresen stand. Diese
Zeit ist eng mit dem Geologieprofessor Kurt Ruchholz verbunden, der regelmäßig mit seinen Studenten in der Gaststätte tagte.

Pferdefleisch für Professoren und Studenten

Chemiker trafen sich mittwochs hier zum „Programm-Abend". Nach
dem Zeugnis des damaligen Studenten und späteren Professors Bernd

Luckas würfelten diese, wer sich nach Kneipenschluss von 1 Uhr bis zur Öffnung um 7 Uhr beim Pferdeschlachter in der Knopfstraße anstellte. Das war der einzige Tag, an dem der möglicherweise öffnete. Das sehr preiswerte Fleisch (Rouladen kosteten eine Mark der deutschen Notenbank/MDN) war die Grundlage großer Partys am Sonnabend. Das in Zeitungspapier gewickelte Pferdefleisch wurde in Ermangelung eines Kühlschranks in einem Spind verwahrt.

Nach Jochen Krüger folgte kein weiterer Studentenvater, der das Schiff der Gaststätte durch die dritte Hochschulreform der DDR hätte steuern können. Die „Falle" schloss 1971 für immer ihre Pforten, das Gebäude fiel dem Flächenabriss in der Innenstadt zum Opfer.

SPRUNGTURM AN DER SÜDMOLE
Scharfe Dreieckshosen

Am Ende des Wegs an der Südseite des Ryck von der Wiecker Klappbrücke zur Dänischen Wiek stehen rohrgedeckte Gebäude. Vor mehr als vier Jahrzehnten war hier im Sommer einiges los. An heißen Tagen sollen mehrere Hundert, ja sogar 1000 Badelustige in der Sonne geschmort haben. Es war rappelvoll, denn der Sandstrand war schmal. Die Herren trugen Dreiecksbadehosen, die schon ziemlich sexy, da ziemlich knapp, sein konnten. Sie trockneten schnell. Es war wie heute: Die einen liebten sie, die anderen hassten sie. Dank Knöpfen an einer Seite ließen sie sich gut an- und ausziehen. Mädchen trugen vorrangig Badeanzüge, zu diesem Zeitpunkt schon Silastik. Oberlungwitzer Bademoden hießen diese Kreationen. Sie lösten die Baumwollmodelle ab. Dabei hätten die Badelustigen gar nicht die Dreiecksbadehose unterm Hemd auf- und zuknöpfen müssen. Denn die rohrgedeckten Gebäude waren Umkleiden. Auch für die gastronomische Versorgung war gesorgt. Strandkörbe und Liegestühle konnten ausgeliehen werden.

„Köpper" vom Dreier

Ein Dreimetersprungbrett an der Südmole an der Mündung des Ryck – das war der absolute Clou. So tiefes Wasser, um gefahrlos per Kopfsprung ins Boddenwasser zu tauchen, ist für Besucher des Strandbades Eldena heute geradezu unvorstellbar. Pontons schwammen vor der Südmole im Wasser. Damit jüngere Kinder schnell „zwangsweise" schwimmen lernten, sollen sie von älteren in die Dänische Wiek gestoßen worden sein. Regulärer Unterricht wurde aber in der Badeanstalt ebenfalls erteilt. Baden in der Dänischen Wiek hat übrigens eine lange Tradition. Der Greifswalder Turnerbund veranstaltete an der Südmole in der Weimarer Republik Schwimmfeste. Eingebunden war das Boddenschwimmen, der Wettkampf, der heute alljährlich stattfindet. Die Teilnehmer queren die Dänische Wiek von Ludwigsburg Richtung Eldena und kommen an der Südmole an. Ursprünglich hieß das Boddenschwimmen Wiekschwimmen.

„KLEIN-WARNEMÜNDE AM BODDEN"
300 Strandkörbe, 60 Liegestühle ...

Im September 1970 träumte ein OZ-Journalist nach dem Grundsatzbeschluss zum Bau des Strandbades Eldena von Bikini-Mädchen am weißen Strand in Greifswald. Im Mai 1972 wurde das Freizeitparadies übergeben. 2,8 Millionen Mark investierte die DDR in dieses Projekt. Viele Greifswalder halfen beim Strandbadbau mit freiwilligen Arbeitseinsätzen. Vor 1972 befand sich an gleicher Stelle der Kuhstrand. Der Name kommt daher, dass in diesem Bereich vor 1945 Rinder des Universitätsgutes weideten. 1970 handelte es sich größtenteils um eine sumpfige Wiese. Illegale Einleitung von Jauche aus Rinder- und Schweineställen und Abwässer hatten zu diesem Zustand beigetragen. Einen anderen Standort für die Tiere zu finden, war daher eine der wichtigsten Aufgaben für die Planer. Auch die Vorfluter wurden verlegt. Das Institut für Landesforschung und Naturschutz merkte zwar an, dass durch die neue Uferlinie künftig mit einer Verschlickung und der Ansammlung von Pflanzenresten zu rechnen sei, hatte aber keine grundsätzlichen Einwände. 1972 war der Strand in Eldena dank der Aufspülung von 160 000 Kubikmetern Sand durch die Bagger-, Bugsier- und Bergungsreederei Rostock 80 Meter breiter geworden.

Im Jahre 1975 gab es im Strandbad nur eine Kasse des Vertrauens. (Foto: Jürgen Rother)

Der Sand stammte aus einer Baggerung bei Thießow, die kurz zuvor stattfand. Zur Einweihung der neuen Badeanstalt am 15. Mai 1972 marschierte der Lühmannsdorfer Spielmannszug durch Ladebow, Eldena und Wieck. Das folgende Kulturprogramm mit dem Titel „Käpt'n Brass an Land" an der Wiecker Brücke ließ sich die Stadt 2375 Mark der DDR kosten. Fliegende Händler verkauften Bockwurst, Eis und Getränke. Bürgermeister Dieter Krohn (SED) begründete in seiner Rede die Verwirklichung des Freibadtraums in der DDR damit, dass die Menschen „in einem Staate leben und arbeiten, dem das Wohl seiner Bürger am Herzen liegt". Die Norddeutschen Neuesten Nachrichten, Zeitung der Nationaldemokratischen Partei Deutschlands (NDPD) für die drei DDR-Nordbezirke, schrieb vor der Eröffnung am 13. Mai 1972: „Als Geschenk für die Greifswalder Bevölkerung zur ‚Woche der sozialistischen Landeskultur' hat sich das schöne neue Strandbad am Stadtrand piekfein gemacht." Immerhin 3,6 Tonnen Grassamen wurden für die neue Freizeitanlage ausgesät. 250 neue Parkplätze, 2000 bewachte Abstellmöglichkeiten für Räder, 300 Strandkörbe, 60 Liegestühle, Sanitäranlagen und Sportplätze entstanden. Damals hieß es schon: Man hoffe, dass der Strand nicht zur Kfz-Rennbahn werde und die Strandkörbe nicht demoliert würden. 1980 rühmte die Zeitschrift „Norddeutscher Leuchtturm" das Greifswalder Bad als „Klein-Warnemünde am Bodden". Im südöstlichen Teil des Strandbades hatte sich eine FKK-Zone herausgebildet. Bis zu 15 000 Menschen besuchten das Bad am Tag – heute unvorstellbar. 2015 wurden beispielsweise in der ganzen Saison 30 000 Eintrittskarten verkauft. Das Wasser ist, wie vor vier Jahrzehnten vorausgesagt, inzwischen noch flacher als bei der Einweihung.

DIE INDUSTRIALISIERUNG DER STADT
Schönwalde entsteht

Ende der 1960er wurde Greifswald mit der Ansiedlung des Nachrichtenelektronikwerks Greifswald (NEG) und des Kernkraftwerks Nord bei Lubmin industrialisiert. Bis dahin hatte die Ernst-Moritz-Arndt-Universität die Stadt geprägt. Das sollte sich nach dem Willen der Partei- und Staatsführung ändern.

Helmut Maletzke schuf diese Giebelgestaltung in Schönwalde.

Rodelvergnügen an der Kaufhalle „Mitte" in Schönwalde I

Das KKW Nord war der Motor der Entwicklung in Greifswald. Sehr beliebt waren die Baustellenfestspiele. (Fotos: Jürgen Rother)

Große neue Stadtviertel entstanden mit Schönwalde I, Schönwalde II, dem Ostseeviertel Parkseite und zuletzt dem Ostseeviertel Ryckseite. Letzteres wurde bis zur Wiedervereinigung nicht mehr fertiggestellt. Inklusive bei der Errichtung dieser Neubaugebiete waren zumindest planerisch Schulen und zugehörige Sporthallen mit zeittypischen Patronen wie „Wladimir Iljitsch Lenin", „Erich Weinert", „Georgi Dimitroff" oder „Pablo Neruda", Kindergärten wie „Samuil Marschak", „Anton Semjonowitsch Makarenko" und „Friedrich Wolf" sowie große Kaufhallen wie „8. Mai", „Nord" und „Mitte".

Warmes Wasser „aus der Wand"

Die Wohnungen und Bäder sind aus heutiger Sicht ziemlich klein. Aber in den 60er, 70er und 80er Jahren boten die Großwohngebiete viele Vorzüge. Neubauwohnungen waren gefragt. Sie wurden fernbeheizt. Warmes und kaltes Wasser „kamen aus der Wand".

Fortschritt: Baden in der Zinkwanne in der Küche. In den Neubauten kam das Wasser dann in einem Badezimmer aus der Wand.

Auf den Innenhöfen entstanden Trockenplätze. Stadtbuslinien sorgten für den Transport in die Altstadt, die nach dem Willen der Planer das Zentrum Greifswalds bleiben sollte. Zeitgenössisch würde man sagen: Fürs wirklich Wichtige war gesorgt. Allerdings war trotz aller Anstrengungen deutlich zu wenig Wohnraum da, die Wartelisten waren lang. Und was den Greifswaldern auf einem bewirtschafteten Wohnungsmarkt „zustand", war nicht gerade viel und ein Zimmer für jedes Kind keineswegs Normalität. Ein selbst erlebtes Beispiel aus dem Jahre 1988: Für ein Ehepaar ohne Kind galt eine Einraumwohnung als auskömmlich.

DIE FEHLENDEN „1000 KLEINEN DINGE"
Erfolgsgeschichte nach der Verstaatlichung

In Greifswald gab es einige kleinere Traditionsbetriebe, die großteils nach der Wende geschlossen wurden. Auf dem Grundstück der Molkerei in der Soldmannstraße befinden sich heute Wohnhäuser. Auf dem Gelände der Brauerei in der Grimmer Straße entsteht ein Wohnpark. Immerhin blieb die Villa des Besitzers erhalten und ist schmuck saniert worden. Die Kleiderwerke Greifswald in der Friedrich-Loeffler-Straße produzierten vor allem Mäntel. Ende der 1960er Jahre arbeiteten hier immerhin 270 Mitarbeiter, plus 70 in einer Betriebsstätte in Bergen auf Rügen. Die Kleiderwerke schrieben eine Erfolgsgeschichte. Bei der Verstaatlichung 1947 handelte es sich noch um einen ziemlich unbedeutenden Konfektionsbetrieb. Zwei Jahrzehnte später war es ein wichtiges Unternehmen.

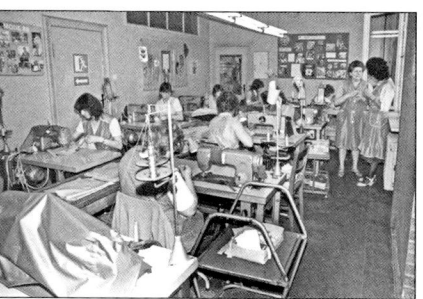

So wurde in den Kleiderwerken Greifswald produziert.
Die Aufnahme entstand 1988.

Die Firma Wickleder konnte in den 1980er Jahren schon auf sechs Jahrzehnte zurückblicken. Der Laden in der Mühlenstraße war bei allen, die elektronische Geräte oder Musikinstrumente suchten, sehr beliebt.

*Mitglieder der Familie Wickleder im Jahre 1984, links Frau Kürschner.
Kürschners übernahmen das Geschäft. (Fotos: Jürgen Rother)*

52 Prozent der Greifswalder Produkte wurden in die Sowjetunion exportiert. Später entstanden weitere Zweigwerke, so in Grimmen und Dranske. Dort fanden Frauen der Mitarbeiter des Volkseigenen Betriebs Erdöl/Erdgas Grimmen beziehungsweise von Angehörigen der Nationalen Volksarmee Arbeit. In Greifswald gab es einen Industrieladen der Kleiderwerke. Auch die Greifswalder Möbelwerke an der Marienstraße exportierten einen Großteil ihrer Produkte in die UdSSR.

In den Westen verhökert

Insgesamt sah es mit der Herstellung von Konsumgütern in der DDR indes nicht gut aus. Genau die waren in der DDR Mangelware. In den 1970er Jahren waren die Löhne und Gehälter stärker gewachsen als die Menge und Vielfalt der zur Verfügung stehenden Waren. Die in der DDR produzierten Konsumgüter wurden zudem teilweise zu Dumpingpreisen im Westen verhökert. Dass 1972 viele private und halbstaatliche Betriebe gegen die ökonomische Vernunft verstaatlicht und auf Industrieproduktion umgestellt wurden, hat die Situation verschärft. Es fehlten viele der sogenannten tausend kleinen Dinge. Häufig genannte Beispiele sind Wäscheklammern und Mausefallen. Da die Preise zu diesem Zeitpunkt schon produzierter Konsumgüter festgeschrieben waren, konnte das System auch nicht durch Inflation, also Preiserhöhungen, wieder ins Gleichgewicht gebracht werden. Und der Austausch zwischen den Staaten des Rates für gegenseitige Wirtschaftshilfe (RGW) funktionierte nicht sehr gut. Grundsätzlich sollten sich die Staaten spezialisieren und so produktiver werden. Die DDR-Führung ließ sich zur Lösung des Problems etwas Schlechtes einfallen. Die Kombinate, die sozialistische Form der Konzerne, sollten fünf Prozent ihrer Produktion auf Konsumgüter ausrichten, verordnete die Sozialistische Einheitspartei Deutschlands. Zulieferungen zählten nicht bei der Erreichung dieses Ziels. Ökonomisch war die Fünf-Prozent-Idee unsinnig und immer ein Verlustgeschäft für die DDR. Ein Kraftwerk versteht sich am besten auf die Erzeugung von Strom und Wärme und nicht auf die Produktion von Konsumgütern.

NEG produzierte den „Singenden, klingenden Faustkeil"

Das KKW ließ zur Erfüllung der Norm Schüler im Polytechnischen Zentrum und Lehrlinge seiner Betriebsberufsschule ab 1981 beispielsweise Zeitungsständer, Kellerregale, Kleiderhaken, Netzteile und Bügeleisen produzieren. Ein Produkt war sehr gefragt, allerdings war es nur statistisch ein Konsumgut: Eine Sicherung, die vor Überhitzung schützte und vor allem in Warmwasserbereitungsanlagen zum Einsatz kam. Um die Ziele der Partei zu erreichen, wurde die DDR-Jugendorganisation Freie Deutsche Jugend eingespannt. Jugendobjekte wurden ins Leben gerufen. Im NEG kam so eine Gruppe auf die Idee, kleine Radios, sozusagen für die Hosentasche, zu produzieren. Allerdings war in den 1980er Jahren auch in der DDR der UKW-Empfang schon Normalität. Dafür fehlten aber in Greifswald die notwendigen Teile. So wurde das neue Konsumgut ein Mittelwellenempfänger. Der Volksmund erfand den treffenden Namen „Singender, klingender Faustkeil".

WOHNEN BEI WITWE EXNER
Buden vor allem in der Altstadt

In der DDR war es spätestens ab den 1960er Jahren normal, dass Studenten in Wohnheimen lebten. Mehrere hundert Greifswalder Kommilitonen hatten indes nach wie vor in Buden vor allem in der Altstadt oder der Fleischervorstadt gewohnt. Obwohl der Komfort in der Regel unterirdisch war, waren diese Zimmer begehrt und wurden nach beendetem Studium an jüngere Kommilitonen weitergegeben. Besonders künftige Mediziner und Theologen konnten diese Möglichkeit nutzen. Die meisten dieser Wohnungen befanden sich unter dem Dach oder in Mansarden. Ein großer Teil fiel dem Abriss eines Großteils der Innenstadthäuser ab Mitte der 1970er Jahre zum Opfer. So auch fast die gesamte historische Bebauung der Lappstraße. Dort, wo heute das Krupp-Kolleg steht, entstand eine Wurstfabrik. Die historische Pflasterung der Lappstraße wurde anlässlich des Besuchs von SED-Chef Erich Honecker 1989 zur Wiedereinweihung des Domes beseitigt. Er sollte auf glattem Untergrund gehen.

Der Hinterhof in der Lappstraße, *Blick zum Dom (Fotos: Georg*
die Witwe Exner geht ins Haus. *Jeske)*

Als der heutige Leiter des Labors des Krankenhauses Dresden-Neustadt,
Dr. Andreas Britz, in den 1970er Jahren an der Ernst-Moritz-Arndt-Universität Chemie studierte, standen die alten Häuser noch. Allerdings waren
die meisten Bewohner bereits in die Neubaugebiete verzogen. Es gab ein
paar Hausbesetzer. Andreas Britz erinnert sich, dass man die Gebäude begehen konnte und noch die Ausstattung der Räume von Flick- also Lapp-
schustern zu sehen war. Er lebte zeitweise bei seiner Freundin, einer Theolo-
giestudentin, die die Wohnung Lappstraße 12 von einem anderen Theolo-
giestudenten „geerbt" hatte. Vermieterin war die Witwe Marie-Luise Exner.
Schon ihre Mutter hatte vermietet und einen Vertrag mit der Hochschule
zur Zuweisung von vier Kommilitonen. Allerdings hielt sich die Uni in den
1970er Jahren nicht mehr an den Wortlaut der Verträge, worüber sich die
Witwe ärgerte. Eigentlich war sie ein Fräulein, aber sie wurde Witwe Exner
genannt. Die Frau verreiste nur zwei Mal in ihrem Leben. Ihre Ziele waren Ludwigsburg und Stralsund. Wahrscheinlich hat Marie-Luise Exner das
Altstadtquartier nur selten verlassen, schätzt Andreas Britz ein.
In der DDR waren ja die Lebensmittelpreise in allen Geschäften gleich.
In der Baderstraße gab es einen traditionsreichen Laden, den des Kauf-
manns Behnke. Der reichte für die Bedürfnisse des Vermieters aus.

Ohne Bad, aber mit Plumpsklo auf dem Hof

„Als ich einige Wochen in der Lappstraße wohnte, hat die Witwe Exner meiner Freundin das Wassergeld um fünf Pfennig erhöht, weil der junge Mann doch auch Wasser verbraucht." Die Wohnung hatte wie damals üblich kein Bad. Es gab ein Plumpsklo auf dem Hof. Man wusch sich in einer Schüssel im Zimmer. Das Wasser für den Krug holten sich die Mieter auf dem Flur. An das Emaillebecken des zugehörigen Ausgusses kann sich Dr. Britz noch bestens erinnern. Es stammte aus Königsberg und war 1908 gefertigt worden. Genau wie das Toilettenbecken. Im Winter lagen auf dem Ascheeimer glühende Kohlen und spendeten Wärme. Gegenüber stand ein Eimer mit Wasser zum Nachspülen. Wer nachts im Winter mit dem Mantel zur Toilette ging, der musste aufpassen, dass nicht eine Seite in den Kohlen und die andere im Wassereimer landeten. Beim elektrischen Licht wurde gespart, die Witwe Exner setzte auf Kerzen zur Beleuchtung und hatte noch eine Zehn-Watt-Glühbirne im Flur, die so eingestellt war, das man zügig gehen musste, um rechtzeitig zu den Zimmern im Obergeschoss zu gelangen. Sie ließ sich nicht überzeugen, dass Kerzen teurer als Glühlampen waren. Der Flur stand voller alter Schränke. Von einem schaute ein ausgestopfter Rabe im Dämmerlicht auf Besucher herab. Er soll sich heute auf Rügen befinden. Die Studenten lebten naturnah. „Im Winter gingen wir Baumpilze suchen." Die wachsen auch in der kalten Jahreszeit, und Austernseitlinge sind sogar ausgesprochen lecker.

SPORTLICHE ERFOLGE
Wettkämpfe auch im Seilspringen

In Greifswald war die Erwin-Fischer-Schule, die sich damals in der Feldstraße (bis 2002) befand, besonders erfolgreich in sportlichen Bereichen. Sportlehrer Peter Multhauf war nach der Wende längere Zeit Vorsitzender des Sportausschusses der Bürgerschaft für die PDS, später Linke. Er unterrichtete 1973 bis 1993 an der Fischerschule.

Eröffnung des Schulsportfestes der Erwin-Fischer-Oberschule 1982

Fischerschüler bei der Kreisspartakiade im Volksstadion (Fotos: Archiv der Fischerschule)

Als Multhauf kam, lag diese bei den alljährlichen Leistungsvergleichen der Greifswalder Schulen ganz hinten. In kurzer Frist führte er zusammen mit seinen Mitstreitern die Schüler dieser Polytechnischen Oberschule (POS) auf den ersten Platz im städtischen Vergleich, den diese über viele Jahre verteidigten. Multhauf gründete eine Schulsportgemeinschaft. Grün und Schwarz waren die Farben, mit denen die Fischerschüler zum Unterricht und zu den Wettkämpfen antraten. Erfolgreiche Sportler wurden während der Fahnenappelle geehrt. Wandzeitungen und Aushänge der Besten spornten den Ehrgeiz der Kinder an. Es gab Wettbewerbe um den stärksten Schüler, um die stärkste Schülerin. Mädchen maßen sich beispielsweise im Seilspringen.

Kleemann und „Pute" gute Boxer

Auch geboxt wurde an der Fischerschule. In den umfänglichen Chroniken des Schulsports findet man Bilder bekannter Greifswalder wie die des heutigen Leiters der Montessorischule, Nils Kleemann, und des Künstlers Thomas „Pute" Putensen. Beide waren an der Schule gute Boxer und Schulmeister. „Pute" hat sich ebenfalls als Kugelstoßer bewährt. Besonders erfolgreich waren die Basketballer. „Die Mannschaft der HSG Wissenschaft Greifswald, die 1985 den Meistertitel des Bezirks Rostock holte, bestand anfangs ausschließlich aus ehemaligen Fischerschülern", erzählt Multhauf. Bemerkenswert: Bis 1985 hatte die Erwin-Fischer-Schule nicht einmal eine eigene Sporthalle. Diese wurde in jenem Jahr an der Feldstraße gebaut und steht anders als das Schulgebäude heute noch. Damit die feierliche Grundsteinlegung im Winter

45

stattfinden konnte, musste der Boden durch den Hausmeister gelockert werden, erinnert sich Multhauf. Im Dezember 1985 konnte die Einweihung gefeiert werden. Peter Multhauf propagierte auch die Erfolge der DDR im Sport offensiv und regte seine Schüler zur Teilnahme an der Wahl der besten Sportler des Landes an. „Ich habe 20 Exemplare der ‚Jungen Welt' gekauft und die Klassen zur Teilnahme aufgefordert", erzählt er. In der Jungen Welt, damals Organ des Zentralrates der FDJ, wurden die Listen mit den Kandidaten der Umfrage publiziert.

SINGEBEWEGUNG UND SINGEKLÖNE
Greifswald und die Unterstützung für Vietnam

Am 1. Mai 1975 marschierten die Truppen des sogenannten Vietcong (Nationale Front für die Befreiung Südvietnams) und Nordvietnams in Saigon, heute Ho-Chi-Minh-Stadt, ein. „Alles auf die Straße, rot ist der Mai, alles auf die Straße, Saigon ist frei", feierte der Berliner Oktoberklub dieses Ereignis. Sein Mitglied Hartmut König war später Sekretär des Zentralrats der FDJ. Der Oktoberklub war der bekannteste Vertreter der DDR-Singebewegung, die von der DDR-Jugendorganisation aktiv gefördert wurde. Mentor war anfangs der aus Kanada stammende Perry Friedman. Ihren Höhepunkt erreichte die Singebewegung, laut Definition der Vortrag eigener Lieder durch junge Leute, bei den zehnten Weltfestspielen der Jugend und Studenten 1973 in Berlin. Solidarität mit dem trotz des Abwurfs von Napalmbomben (Brandwaffen) und biologischer Kriegführung (Agent Orange) seitens der USA siegreichen Kommunisten war Staatsdoktrin und großen Teilen der Bevölkerung auch Herzenssache.

Uni mit besonderer Bindung zu Vietnam

Die Ernst-Moritz-Arndt-Universität war auf besondere Weise mit den Vietnamesen verbunden. Bereits damals existierende Verbindungen

Ernst-Moritz-Arndt-Universität zu DDR-Zeiten (Bundesarchiv/Lehmann)

der Botaniker mit Hanoi bestehen bis heute. Absolventen sind Mitglied des Vereins der Freunde und Förderer der Uni. In der vietnamesischen Hauptstadt gibt es eine Außenstelle der Greifswalder Hochschule. In der letzten Kriegsphase unterstützten Greifswalder Studenten mit über 500 Blutspenden, Solidaritätsbasaren, Geldsammlungen und einem Subbotnik „Schulen für Vietnam" ihre Partei. Den Sieg des vietnamesischen Volkes, wie es in der DDR hieß, feierten 1975 die asiatischen Studenten gemeinsam mit ihren deutschen Kommilitonen und Hochschullehrern.

Für den 12. Mai wurde im Kreiskulturhaus gemeinsam mit dem Greifswalder Singeklub „Potemkin" ein Kulturprogramm vorbereitet. Studenten trugen an diesem Tag Gedichte vor. Vertreter der SED und der Massenorganisationen wie FDGB und FDJ übergaben Grußadressen. Das war seinerzeit bei solchen Veranstaltungen üblich. „Potemkin" zählte zu den wichtigsten Singegruppen der DDR. Die Gruppe war im Oktober 1969 von Greifswalder Offiziersschülern und Studenten gegründet worden. „Potemkin" erhielt die Artur-Becker-Medaille der FDJ, einen Sonderpreis des Zentralrates der FDJ, eine Goldmedaille zu den 13. Arbeiterfestspielen der DDR und den Titel „Verdientes Volkskunstkollektiv". 1977 wurde zur ersten Mecklenburger Singeklöne in den Studentenklub „Kiste" in Schönwalde II eingeladen. Diese auch nach der Wende nach einer Pause fortgesetzte Reihe ist eng mit dem Namen des bereits verstorbenen Waldemar Werner verknüpft.

DAS ERSTE NEUBAUVIERTEL
Dreiraumwohnung war Standard

In den ersten Jahren der DDR wurde in Greifswald nicht gebaut. Erst 1951 entstanden einige Eigenheime für Professoren, um die Intelligenz im Arbeiter- und- Bauern-Staat zu halten. Zwei Jahre später begann der Neubau von Wohnungen namentlich an der Franz-Mehring-Straße, der Walther-Rathenau-Straße und der Walter-Schlaak-Straße. Die Wohnungsnot war groß. Gerade junge Familien hatten oft nur ein Zimmer mit Küchenbenutzung und ohne Bad.

Das Sgraffito in der Ostsee-straße erinnert an den Aufbau in den 1950er Jahren. (Foto: Eckhard Oberdörfer)

Das Baden in der Zinkwanne hatte mit der Fertigstellung der Neubauten in den neuen Wohnungen ein Ende.

Am 7. Oktober 1956, dem 7. Geburtstag der DDR, wurde der Grundstein für das Ostseeviertel gelegt. Eigentlich fehlte alles. Aber mit viel Erfindungsreichtum, Improvisationsvermögen und ganz viel Engagement gingen die Greifswalder ehrgeizige Ziele an. Noch im gleichen Jahr sollte der Rohbau von 78 Wohnungen fertig sein. Die Ostsee-Zeitung berichtete von Tausenden Werktätigen, die zur Grundsteinlegung kamen. Dass Angehörige der erst am 1. März 1956 gegründeten Nationalen Volksarmee, der Volkspolizei und der Gesellschaft der Sport und Technik (GST) dabei waren, wurde in der Zeitung besonders erwähnt. „Vor dem Rednerpult hatten Arbeiterveteranen Platz genommen. Mit viel Beifall wurde der Genosse Karl Mewis begrüßt." Er war der 1. Sekretär der Bezirksleitung der SED Rostock und Mitglied der Volkskammer. Mewis (1907 bis 1987) legte den Grundstein. Der Bericht geht so weiter, wie viele andere Zeitungsartikel jener Jahre: „Der Genosse Werner Krolikowski, 1. Sekretär der Kreisparteileitung Greifswalds, … hob hervor, dass die Werktätigen unserer Stadt den Tag mit neuen großen Taten begehen, wovon diese Grundsteinlegung zeugt." Krolikowski stieg in seiner Laufbahn bis zum Mitglied des Politbüros der SED auf.

Heizen immer noch mit Holz und Kohle

Es war nicht nur das erste Greifswalder Wohngebiet nach dem Zweiten Weltkrieg, sondern auch das erste geschlossene Neubaugebiet. Frau Giese, die seit der Fertigstellung der vier ersten Häuser in der Ostseestraße im Herbst 1958 dort wohnt, erinnert sich noch an die Zeit, als es hinter dem Volksstadion Richtung Eldena nur landwirtschaftliche Flächen gab. Kühe und Pferde weideten hier auch nach ihrem Einzug. Die Ostseestraße bestand aus Modder. Die vierköpfige Familie Giese bekam eine Dreiraumwohnung. Das war Standard im Ostseeviertel. Geheizt wurde damals mit Holz und Kohle, zu jeder Wohnung gehörte ein Kohlenkeller. Da Kühlschränke damals noch selten waren, waren Speisekammern Teil jeder Küche.

Gebaut wurden unter Leitung von Winfried Schulz bis 1963 insgesamt 350 Wohnungen in zweigeschossigen Gebäuden für fast 1600 Einwohner. Schulz hat seine Erinnerungen in einem Buch mit Greifswalder Geschichten festgehalten. Die Pläne erarbeitete VEB Hochbauprojektierung Stralsund. Dem Ostseeviertel sprachen spätere Chronisten den Charakter einer Gartenstadt zu. Für die Straßennamen wurden Städte der Ostseeanliegerstaaten gewählt, darunter Leningrader (jetzt St. Petersburger) und Sczeciner (heute Stettiner) Straße. Es gab also keine Beschränkung auf den Warschauer Vertrag. Kopenhagen, Kotka, Oslo und Trelleborg wurden Namensgeber. Heute heißt es allgemein Altes Ostseeviertel.

Große Wohnungsnot

Gebaut wurde im Rahmen des Nationalen Aufbauwerks (NAW). Die Gebäude wurden zusätzlich zu den in Staatsplänen aufgeführten Investitionen errichtet. Dieses Zusatzbauprogramm zur Linderung der in Greifswald herrschenden Wohnungsnot hatte der sogenannte Demokratische Block der Parteien und Massenorganisationen im August 1956 beschlossen. Auf Initiative der SED versteht sich. Betriebe und Privatleute spendeten für das Ostseeviertel während der Jahre des Aufbaus insgesamt sieben Millionen Mark. In einem Kiosk am Wall gab es Lose einer Aufbau-Lotterie. 40 Prozent der Einnahmen wurden für das Ostseeviertel verwendet, 60 Prozent als Gewinne ausgeschüttet. Zur Grundsteinlegung gaben Betriebe weitere Verpflichtungen für Leistungen fürs Wohngebiet ab. Auch das war DDR-normal. Ferner wurden die Erlöse von Einnahmen von Veranstaltungen für den Bau eingesetzt. Gieses bekamen ihre Wohnung über zusätzliche Arbeitsstunden des Mannes im Möbelwerk an der Marienstraße. Bürger legten mit großem Elan selbst mit Hand an. Durchschnittlich waren es 1000 Stunden für eine Wohnung, schreibt Ostseeviertel-Chronist Erwin Ay 1989.

Am 6. Oktober 1988 wurde die erste Platte für das Ostseeviertel-Ryckseite durch Kollegen des Wohnungsbaukombinates Rostock gesetzt. (Foto: Jürgen Rother)

Tauschgeschäfte: Schweinefleisch für Beton, Schrott zu Baustahl

Die Wohnungsinteressenten pflanzten Bäume und Sträucher, ein großer Teil ist erhalten. „Ein Fußweg führte zur Wolgaster Straße", erinnert sich Frau Giese. Von dort wurden kleine Bäume geholt, die heute noch stehen. Für Spenden gab es ein „Kontobuch". Um Material zu bekommen, griffen schon die Greifswalder der 1950er Jahre auf Tauschgeschäfte zurück. Schweinefleisch ließ sich in Beton und Schrott in Baustahl verwandeln. Die Trümmer des nach dem Krieg gesprengten Fliegerhorstes Ladebow „wurden zerkleinert und dienten als Ausgangsstoff für Betonsteine", schreibt Erwin Ay. „Die FDJ riss abbruchreife Häuser im Kreis ab und barg die Mauersteine." Schrott und noch vorhandene Schienen der als Reparationsleistung für die Sowjetunion nach dem Zweiten Weltkrieg abgebauten Kleinbahn wurden in die Stahlwerke Riesa und Henningsdorf gebracht. Diese Betriebe stellten in unbezahlten Sonderschichten Stahl her und stellten ihn Greifswald zur Verfügung. Sägewerke der Stadt schnitten außerhalb der regulären Arbeitszeit Stämme für Dachstühle, Schalungen und Rüstungen. Ein Unterwellenborner Werk stellte an Feiertagen Beton für Greifswald her. Dessen Arbeiter bekamen dafür Schweinefleisch, das Bauern des Kreises Greifswald zusätzlich geliefert hatten. Über den „Schweinezement" wurde in vielen Zeitungen berichtet. Winfried Schulz berichtet von einigen erfolgreichen „Materialjagden".

Wie bei allen späteren Neubaugebieten waren Schule, Kindereinrichtung, Gaststätte und Kaufhalle Teil der Planungen. Der Lebensmittelladen stand an der Wolgaster Straße. Frau Giese hat lieber im St. Georgsfeld eingekauft. Die ersten vier gebauten Vierfamilienhäuser, Ostseestraße 1–4, und ihr Umfeld sind seit 2003 Teil eines Denkmalbereichs. Die Häuser Ostseestraße 1 und 4 zieren bis 1958 angebrachte Sgraffiti, die die Arbeit der Aufbauhelfer würdigen. Sie sollen von einer Künstlerbrigade aus dem Raum Zittau gefertigt worden sein. Vermutlich hieß der Meister Ahmend. Genaues sei nicht bekannt, so der Greifswalder Experte für baugebundene Kunst in Greifswald, Prof. Bernfried Lichtnau.

Bis 1960 entstanden etwa 200 Wohnungen. 1963 wurden die Arbeiten offiziell abgeschlossen. Trotz der schwierigen Voraussetzungen entstand ein beliebtes Wohngebiet mit viel Grün. „Es war eine gute Wahl", blickt Frau Giese auf den Einzug vor 60 Jahren zurück.

Nach dem VIII. Parteitag der SED 1971 wurden noch acht Viergeschosser als Lückenbebauung errichtet. Drei Jahre später kamen eine neue Krippen-Kindergarten-Kombination und eine neue Kaufhalle hinzu. Das Ostseeviertel erhielt 1985 die offizielle Anerkennung als „Schönes Wohngebiet des Bezirkes Rostock".

In den 1980er Jahren wurden weitere Wohngebiete südlich (Ostseeviertel Parkseite) und nördlich (Ostseeviertel Ryckseite) mit großen Wohnblöcken aus vorgefertigten Platten gebaut. Die Gestaltung ist bei weitem nicht so großzügig wie im alten Ostseeviertel.

AUF HERINGSJAGD
1960 wurden die letzten privaten Fischer verstaatlicht

Fischer zu sein, das war in der DDR viele Jahre sehr lohnend, obwohl die schwere körperliche Arbeit schon ab Mitte der 1970er Jahre eine Ursache für Nachwuchsmangel war. Das Kernkraftwerk und das Nachrichtenelektronikwerk Greifswald boten alternativ gute Verdienstmöglichkeiten. Mit den gefangenen Meerestieren, speziell Aalen, ließ sich in der Tauschgesellschaft DDR einiges anfangen. Die Geschichte: 1956 wurde in Wieck die Fischereiproduktionsgenossenschaft „Einheit und Frieden" gegründet. Sie hatte nur sechs Mitglieder und nutzte zwei in Wolgast geliehene Kutter.

Das Gelände der Fischereiproduktionsgenossenschaft am Südufer des Ryck zu DDR-Zeiten.

Brotfisch ist und bleibt der Hering.

Zwei Jahre später entstand die FPG „Am Ryck" (für Kleinfischerei). 1960 wurden die letzten privaten Fischer Mitglieder einer der beiden Genossenschaften. Diese schlossen sich 1967 mit den Lubminern zur Fischereigenossenschaft „Greifswalder Bodden" mit Hauptsitz in Wieck zusam-

51

men. Die Fischer waren auch damals neben der Klappbrücke am Südufer des Ryck zu finden. Die Hütten am Fluss, die heute das Bild prägen, gab es damals noch nicht. Die DDR förderte nun sehr aktiv die Fischerei. Die Verdienstmöglichkeiten waren jetzt, wie eingangs erwähnt, gut. Die neugegründete FPG zählte 134 Mitglieder und verfügte über elf Kutter und 20 kleine Privatboote. 1981 waren es noch 100, darunter 54 Fischer. Sie verfügten über 14 Kutter, neun größere Strandboote sowie sechs kleinere Boote, um Heringe, Flundern, Zander, Hechte, Dorsche, Barsche, Plötzen, Hornfische, Aale und anderes Meergetier zu jagen. In Greifswald gab es einen Verarbeitungsbetrieb, der sogar in Ermangelung einer Alternative den Flächenabriss südlich des Ryck in der Innenstadt überlebte. In der Brüggstraße 5 wurden Fisch-Ölkonserven hergestellt.

PLATTDEUTSCHE UND ANSICHTSKARTENSAMMLER
Kultur im Kulturbund

Der Kulturbund war zu DDR-Zeiten nicht aus Greifswald wegzudenken. Die kulturelle Massenorganisation, wie das im DDR-Deutsch hieß, gab es seit dem 8. August 1945 in der Sowjetischen Besatzungszone. Erster Vorsitzender des Kulturbundes zur demokratischen Erneuerung Deutschlands, später Kulturbund der DDR, war der Schriftsteller Johannes R. Becher. In Greifswald war die Organisation außerordentlich erfolgreich. Dr. Kurt Wulf war 63 Jahre im Kulturbund und an die 30 Jahre Vorsitzender. Er wirkte mit Unterbrechungen als Stellvertreter in der Zeit, als der Germanistikprofessor Hans-Jürgen Geerds Vorsitzender war. Als die Geschichte des Greifswalder Kulturbundes 2008 endete, hatte der Kulturbund e. V. noch etwa 30 Mitglieder. Der Verein führte ab 1990 die Arbeit fort. In besten Zeiten gehörten bis zu 1200 Hansestädter der Massenorganisation an, die sich 1989 in 36 Arbeitsgruppen, Gesellschaften und Freundeskreisen engagierten. Die Spanne reichte von Aquarianern über Denkmalpfleger bis zu Numismatikern und Philatelisten. Dank der Publizierung alter Stadtansichten durch den Vorsitzenden der Greifswalder Philokartisten, Willi Möhr, in der Ostsee-Zeitung waren die Ansichtskartensammler sehr öffentlichkeitswirksam. Die „Plattdeutschen" um Hilde Schacht sorgten mit dafür, dass die niederdeutsche Tradition lebendig blieb. In der Interessengemeinschaft Heimatgeschichte mit dem Vorsitzenden Jörg Scheffelke wurden bereits in den 1980er Jahren Weichen zur Vorbereitung der Greifswalder 750-Jahre-Feier gestellt. Annelise Pflugbeil, die mit ihrem Mann Hans die Bachwoche ins Leben rief, engagierte sich im Kulturbund für Musik.

Literaturball im Jahre 1983 im Kreiskulturhaus (heute wieder Stadthalle)

Kurt Wulf war für die Literatur aktiv und organisierte Filmgespräche. Er trug auch eigene Texte vor. Bis heute ist der Lehrer im Ruhestand ein gefragter niederdeutscher Autor. Foren zur Diskussion über aktuelle Tagesereignisse wurden organisiert. „Der Kulturbund war immer meine geistige Heimat", sagt Kurt Wulf. Ihm sei es darum gegangen, Menschen mit Kultur vertraut zu machen.

Kulturbund und Intelligenzklub

In der Universitätsstadt bestand eine besondere Situation, neben dem Kulturbund gab es einen Intelligenzklub, der den Namen des Greifswalder Bürgermeisters und ersten Rektors Heinrich Rubenow trug. Beide Organisationen kooperierten und waren Mitglieder des Ortsverbandes Greifswald. „Wir luden uns zu den Hauptversammlungen ein", erinnert sich Dr. Wulf. Er saß dann neben Prof. Hanns Schwarz, dem Ersten Vorsitzenden des Rubenow-clubs. „Am Klavier improvisierte Prof. Krauß. Er spielte sehr lange. Hanns Schwarz wurde ungeduldig und kommentierte: ‚Allzu krauß ist ungesund.'" Worauf Kurt Wulf entgegnete: „Man sollte nicht zu schwarz sehen." Was den Professor amüsierte, der zwar gern austeilte, aber auch einstecken konnte.

Der Kulturbund bekam zunächst Räume im Obergeschoss des Logenhauses Am Mühlentor (damals Teil der Straße der Freundschaft, heute Gaststätte „Humboldt"). Das Gebäude war zugleich Clubhaus der Universität (CdU), bevor es in das Haus der Deutsch-Sowjetischen Freundschaft umfunktioniert wurde.

Anfang der 1980er zog der Kulturbund in die Fischstraße 11. Nach der Wende gestattete die Treuhand die weitere Nutzung des Hauses durch den nunmehrigen Kulturbund e. V. unter einer Bedingung: Es mussten Einnahmen erwirtschaftet werden. „Das gelang durch Vermietung an einen Bildungsträger", erzählt Kurt Wulf. Kultursenator Jürgen Drenckhahn sorgte für die Aufnahme eines Nießbrauchrechts (unveräußerliches, nicht vererbliches Nutzungsrecht) in den Vertrag für den Kulturbund. Im Juli 2008 wurde der Kulturbund im Vereinsregister gelöscht. „2010 haben wir durch einen Prozess um das Schulungs- und Ferienzentrum Bad Saarow des Kulturbundes erfahren, dass die Übernahme des Eigentums des Kulturbundes durch die Treuhand unrechtmäßig war, weil es kein DDR-Staatsbesitz war." 2000 Euro der noch vorhandenen Mittel wurden dem Pommerschen Landesmuseum für die Restaurierung einer Zeichnung von Caspar David Friedrich gestiftet.

DIE LEGENDÄRE SCHICHT I IM SCHNEEWINTER
Zug blieb im Schnee stecken

Der Winter 1978/79 ist eine vorpommersche Legende. Zweimal war Greifswald wegen extrem starker Schneefälle von der Umgebung abgeschnitten. Am 28. Dezember ging es los. Stürme wehten Vertiefungen zu und häuften meterhohe Schneewehen auf. Lkw blieben stecken und behinderten Räumfahrzeuge. Züge fuhren nicht mehr. Sie standen auf Bahnhöfen, weil sie nicht weiterfahren konnten. Kranke und Schwangere wurden teilweise mit Hubschraubern und Kettenfahrzeugen, darunter Panzern, in Krankenhäuser gebracht. Unter anderem wurden Mitarbeiter der Verwaltung zum Schippen eingesetzt. Die Nationale Volksarmee setzte Spezialgeräte ein.

Der Trabant ist hinter dem Schneewall kaum noch zu sehen.

Die große Greifswalder Geschichte des Katastrophenwinters 1978/1979 dreht sich um das KKW Nord in Lubmin, um die Stromversorgung der DDR. Das Theater Vorpommern hat der hochgelobten Schicht, die den elektrischen Blackout der Republik durch ihren Einsatz verhinderte, sogar ein eigenes Stück gewidmet. Mehrere Zeitzeugen haben dem Theater bei

Ohne Hubschrauber ging zeitweise nichts mehr. (Fotos: Jürgen Rother)

der Recherche geholfen. Herbert Lafery war damals fürs KKW-Wasserwerk Lodmannshagen zuständig. Bei einer Beratung verlangte er, dass sofort alle Mitarbeiter der Normalschicht mit dem nächsten Zug nach Hause fahren, weil der Bahnbetrieb bald zusammenbrechen wird, da die Züge stecken bleiben würden. Um 14.30 Uhr fuhren sämtliche Normalschichtmitarbeiter aller Betriebe nach Greifswald. Meine Hinweise waren zum Glück akzeptiert worden. Der nächste Zug von Greifswald nach Lubmin blieb, wie von mir vorausgesagt, in den Schneemassen stecken. Damit war nur noch das Schichtpersonal auf dem Gelände des Kernkraftwerkes.

Stromversorgung brach zusammen

Es wäre weitaus schlimmer gekommen, wenn über 2000 Menschen mehr zu versorgen gewesen wären. Der Normalschichtzug um 16 Uhr fuhr nämlich nicht mehr. Ich war auch nach Hause gefahren und beschäftigte mich sofort mit den Wetterberichten im Fernsehen. Es war zu entnehmen, dass sich die Wetterfront den Braunkohletagebaugebieten näherte. Ich sah voraus, was passieren würde, ging in die Kaufhalle, kaufte 2 Brote und ließ die gereinigte Badewanne voll Wasser laufen. Pünktlich, etwa um 23 Uhr brach die Stromversorgung der DDR zusammen. Nur noch das Kernkraftwerk blieb mit voller Leistung am Netz und bewies schon dadurch seine Existenzberechtigung. Zum Glück brauchte ich das Wasser in der Badewanne nicht, auch das Brot war nicht erforderlich. Die Versorgung der Bevölkerung in Greifswald brach nicht zusammen, auch wenn es Probleme gab. Hinter Herbert Laferys Schlafzimmer auf dem Sportplatz am Dubnaring starteten und landeten die Hubschrauber, um die geplagte Schicht C mit Schichtleiter Manfred Haferburg nach etwa drei Tagen Stress abzulösen. Die Witterungsverhältnisse unterbrachen zwar die Luftbrücke wieder, aber mit Hilfe der Armeegeräte konnte der Transport vom und zum KKW nun gewährleistet werden. Am 3. Januar war abends auch die Straße nach Lubmin wieder frei.

Von der Außenwelt abgeschnitten

Der zweite große und zugleich längere Wintereinbruch im Nordosten der DDR begann am 14. Februar. Es gab Schneeverwehungen bis zu sieben Meter Höhe. Aber dieses Mal war die Braunkohleförderung nicht gefährdet, und die Behörden hatten aus der ersten Katastrophe gelernt. Allerdings war Greifswald wiederum von der Außenwelt abgeschnitten. Damals war die Heizung mit Briketts noch Normalität in den historischen Teilen Greifswalds. An der Salinenstraße befand sich das große Lager des ortsansässigen Handels. Die Braunkohlenqualität war mäßig. Scherzhaft wurde von „Lausitzer Blumenerde" gesprochen. Auch die kleinen Öfen der Zimmer des Studentenwohnheims Fleischerwiese wurden mit Briketts beheizt, die unter freiem Himmel auf dem Gelände gelagert wurden. Um Brennstoff für die Stadt zu sparen, sollten und mussten die Kommilitonen aus der Fleischerwiese in die neuen, fernbeheizten Studentenwohnheime in der Makarenkostraße umziehen. Alle sind dieser Aufforderung nicht gefolgt. Ein Kommilitone stapelte in seinem Zimmer Briketts. Unterm Bett war kein Platz mehr für anderes. Allerdings flog die Sache auf, weil auffälliger Rauch aus dem Schornstein des Heimes stieg. Die Greifswalder hatten es im Vergleich zu anderen Gemeinden der Region vergleichsweise gut. Sie hatten ausreichend Lebensmittelreserven. Es gab Krankenhäuser und trotz Hamsterkäufen von Teilen der Bevölkerung genug zu essen. Für die Versorgung anderer Orte gingen Mitarbeiter von Verkaufseinrichtungen mit Rucksäcken zu Fuß in die Kreisstädte, um Lebensmittel zu holen.

Eine Folge der Schneekatastrophe war die Pflanzung von Bäumen an der Straße von Greifswald nach Lubmin. Die sollten künftige Verwehungen verhindern.

DIE MAUL- UND KLAUENSEUCHE UND IHRE FOLGEN

Veranstaltungen mit vielen Menschen untersagt

Ostern ohne Mutti" war das Motto einer studentischen Feierserie im Wohnheimkomplex Fleischerwiese im Frühjahr 1982. Eigentlich waren Feten gar nicht erlaubt, aber es wurde erst gar keine Genehmigung eingeholt. Beschwert hat sich niemand. Wegen eines in ihren Ausmaßen in der

DDR beispiellosen Ausbruchs der Maul- und Klauenseuche im Osten des Bezirkes Rostock und Teilen des Bezirkes Neubrandenburg waren Veranstaltungen mit vielen Menschen untersagt. Wegfahren zu den Eltern, um in der Heimat Ostern zu feiern, war damit unmöglich. Einfach in den Zug steigen und im Heimatort ankommen, ging nicht. Es gab höchst seltsame Geschichten. Ein Mathematikstudent, der seine Freundin beim großen Schulpraktikum in Anklam besuchten wollte, begab sich zum Greifswalder Bahnhof. Ja, er könne in die Nachbarstadt fahren, sagte man ihm. Aber auf dem Anklamer Bahnhof erwartete ihn eine große Enttäuschung. Der Student durfte das Gelände nicht verlassen und fuhr zurück, ohne seine Freundin gesehen zu haben.

Blick zur Forschungsinsel Riems. (Foto: Jürgen Rother)

Die DDR-Regierung zog den Fall angesichts der Ausmaße und immer neuer Ausbrüche schließlich an sich. Viehzucht spielte im damaligen, recht kleinen Kreis Greifswald mit etwa 600 Quadratkilometer Fläche eine viel größere Rolle als heute. In großem Ausmaß wurden in den 1970er und 1980er Jahren Lebendvieh und Agrarprodukte in den Westen verkauft. Der arabische Raum nahm viele Schafe ab. Es wurden zwischen 30 000 und 40 000 Rinder gehalten. Die Meldungen über die große Seuchen schadeten dem Export, dem wollte die Regierung entgegenwirken.

Weil wegen der Sperrungen viele Menschen nicht zur Arbeit kamen, versammelten sich etwa 500 Leute vor dem Landratsamt in der Kaserne am Nexöplatz. Das für Landwirtschaft zuständige Mitglied des Rates des Kreises Greifswald musste die Leute beruhigen und ihnen die Problematik erklären.

Mildes Desinfektionsmittel über den Kopf

Dr. Gustav Seils ist ein Mann mit großer Erfahrung in Sachen MKS. Er selbst schätzt, dass er etwa 100 Seuchenausbrüche bekämpft hat. Mehr als jeder andere Tierarzt auf der Welt. Im Kreis Greifswald erkrankten 1982 zuerst zwei Bullen in einer Anlage bei Kemnitz, dort wo jetzt der Bauer Augustin Rinder züchtet. Die Anlage wurde gesperrt. Seils fragte die Mitarbeiter, wer Kinder zu Hause hatte. Diese sollten die Anlage verlassen, bevor die Sperrung des Bereichs wirksam wurde. Hinter dem Stall goss man ihnen ein mildes Desinfektionsmittel über den Kopf, und sie konnten nach Hause. Die Straße wurde gesperrt. Die gut funktionierende und erfahrene Kreisseuchen-kommission schaffte drei Wohnwagen, Desinfektionsmittel, eine Raupe und weiteres Material heran. In diesen Wohnwagen lebten dann bis zum Ende der Gefahr die Mitarbeiter der Anlage. Um eine Ausbreitung zu verhindern, bat Seils beim Bezirk in Rostock um 20 Kollegen, um eine Ringimpfung, also ei-ne Immunisierung der Tiere im Umfeld durchzuführen. „Es klappte alles, wir waren ein eingespieltes Team", sagt der Tierarzt.

Der Wunsch nach maximaler Isolierung führte zu einer spaßigen Episode:

Die Mitarbeiter des Kernkraftwerks Nord durften nicht mehr per Zug vom Halte-punkt Greifswald Süd nach Lubmin und zurück fahren. Das ging nicht, denn das Werk war unverzichtbar für die Stromversorgung der DDR. Darum wurde eine Seuchenschleuse vor dem Zug installiert. „So eine Art Sauna", erläutert Dr. Seils. Jeder musste duschen, die Kleidung wurde mit 120 Grad heißem Dampf desin-fiziert. Dank der Möglichkeiten des KKW war die Seuchenschleuse für DDR-Verhältnisse super ausgestattet. „Der Einsatz der Schleuse war eigentlich Quatsch, aber er beruhigte", meint Gustav Seils. Die Super-Sauna kam noch zu einem be-sonders ehrenvollen Einsatz. „Ein Mitarbeiter des Bezirkes Rostock rief einige Tage später an", erinnert sich der Tierarzt. „Eine sowjetische Delegation konnte wegen der Absperrungen nicht nach Hause." Um doch die Rückreise in die UdSSR an-treten zu können, wurden die Bürger der UdSSR per Bus von der Bezirkshaupt-stadt nach Lubmin gefahren, um die dort installierte zweite Schleuse zu nutzen. „Es war die reine Show", sagt Hermann Seils. „Ich habe mich sehr amüsiert."

Etwas war ungewöhnlich. In der DDR wurden zwar alle Rinder gegen MKS geimpft, auch die beiden Bullen in Kemnitz. Aber sie waren ge-gen den Untertyp Maul- und Klauenseuche, an dem sie erkrankt waren, nicht immunisiert worden. Nach den Untersuchungen des Ministeri-ums der Staatssicherheit war die MKS-Forschungsinsel Riems wie bei vielen Fällen zuvor der Ausgangsort der Seuche. Wie nach der Wende allgemein bekannt wurde, waren die Anlagen auf der Insel keineswegs so modern und sicher, wie man damals gern behauptete.

DIE PARTYHOCHBURGEN
„... Er singt beim Bums aus vollem Rohr"

Das Kreiskulturhaus, heute wieder Stadthalle in der Blumstraße, die alte Mensa in der Bahnhofstraße und ab 1975 die neue Mensa am

Schießwall, der Studentenclub „Kiste" in Schönwalde II zählten vor 1990 zu den beliebtesten Feierorten der Greifswalder Studenten. Dann gab es auch noch das Theatercafé, das Clubhaus der Eisenbahner (heute Amtsgericht, Lange Straße), das Clubhaus des VEB Nachrichtenelektronik Greifswald (jetzt Bethaus der Mennoniten in der Wolgaster Straße) und so weiter. Das Theatercafé war ein bevorzugter Ort für Bälle und andere Festlichkeiten. So wurde hier beispielsweise die Angliederung der Militärmedizinischen Sektion an die Ernst-Moritz-Arndt-Universität im Jahre 1964 gefeiert. Sehr populär war das Haus der Jugend und Sportler, die Hansahalle, in der Langen Reihe. Zu DDR-Zeiten hieß der Verkehrsweg Wilhelm-Külz-Straße. An der Fassade erinnerte eine Gedenktafel daran, dass sich 1946 hier SPD und KPD zur SED vereinigten. 1957 erfolgte in der Hansahalle die Gründung der Gemeinnützigen Wohnungsbaugenossenschaft Greifswalds. Das Haus der Jugend und Sportler war im Jahr der Wende völlig heruntergekommen. Vorderhaus und Saal wurden nach der Wende abgerissen. In der Erinnerung der Greifswalder geblieben sind die Tanzveranstaltungen.

Chemo in den 1970er Jahren in der Hansahalle. (Foto: Eckhard Oberdörfer)

Ferner war die Hansahalle der Ort des legendären Chemikerfaschings, der Chemo. Die Wände wurden mit aufwändigen Plakaten geschmückt. Die Kritik an den bestehenden Verhältnissen in den Büttenreden hatte es trotz aller Zensurversuche in sich. Zu Jubiläen gab es Trinkgläser. Hört sich heute ganz einfach an. Es war aber

Das Ratscafé lud zur Disko ein. (Foto: Jürgen Rother)

damals ein echtes Beschaffungsproblem. Prägend war der spätere Professor für Organische Chemie, Ralf Miethchen, dessen Lieder Legende sind. Zur Hymne wurde „Gib dem Bub die Geige nicht" mit solch einprägsamen Zeilen wie „Der Chemikus hat viel Humor. Er singt beim

Bums aus vollem Rohr." Bums war damals ein Synonym für eine weniger feine, aber durchaus stimmungsvolle Party.

„JEDES LEBEN IST EIN ROMAN"
Das „Corso" in der Mühlenstraße kannten sie alle

Eine erste Adresse für Feiernde war lange Jahre die Gaststätte „Corso" in der Mühlenstraße, die gern städtische Honoratioren und Universitätsprofessoren aufsuchten. Der in der Stadt wohlbekannte Psychiater Hanns Schwarz (1889 bis 1977) soll hier sehr oft auf einem Barhocker gesessen haben. Der Direktor der Universitätsnervenklinik (heute Klinik für Psychiatrie und Psychotherapie) war Mitherausgeber der 1949 gegründeten Zeitschrift „Psychiatrie, Neurologie und Medizinische Psychologie" der DDR. Er engagierte sich auch außerhalb der Hochschule, beispielsweise im Präsidium des Deutschen Friedensrates. Schwarz war Erster Vorsitzender des Greifswalder Rubenowclubs, des angeblich größten Intelligenzclubs der DDR. Dieser nutzte das frühere Logenhaus, nun Clubhaus der Universität (CDU) in der Straße Am Mühlentor, damals Straße der Freundschaft. Zuletzt war es ab 1977 zu DDR-Zeiten das Haus der Deutsch-Sowjetischen Freundschaft. Es war nach dem im selben Jahr verstorbenen Ehrenbürger und Stadtkommandanten nach der kampflosen Übergabe, Pawel Mironowitsch Sineoki, benannt.

So sah das „Corso" in der Mühlenstraße innen aus. (Foto: Sammlung Jürgen Rother)

Im „Corso" Sekt für den Professor

Im „Corso" traf man Hanns Schwarz. (Foto: Jürgen Rother)

Professor Hanns Schwarz war ein begnadeter Redner. Wenn er forensisch-psychiatrische Fälle vorstellte, war der Hörsaal übervoll, weil auch Nicht-Medizin-Studenten kamen. Der Mediziner war ein großer Sektliebhaber. Der Volksmund will wissen, dass er seine im „Corso" ausgelebte Vorliebe für das prickelnde Getränk damit begründete, dass man davon so schön rülpsen könne. Sekt sei in den 1950er Jahren zu „einer Art Volksgetränk geworden", meinte er rückblickend zwei Jahrzehnte später.

Gern erzählt wird die Geschichte, dass das Auto von Hanns Schwarz von der Polizei angehalten wurde. Er hatte übrigens keinen Führerschein und wurde von seiner Frau chauffiert. Die Vorhaltung, diese sei wie ein Irrer gefahren, beantwortete er demnach mit: „Wer verrückt ist, bestimme ich."

Schwarz war stolz, dass folgendes Zitat von ihm auf Transparenten und bei Ärztekongressen gezeigt wurde:

„Der Arzt ist ein Hüter des Lebens, der Krieg ist ein Feind des Lebens, also muss ein Arzt ein Friedenskämpfer sein."

Der Nervenarzt, wie damals die Fachleute für Psychiatrie und Psychotherapie genannt wurden, erhielt schon 1954 die Deutsche Friedensmedaille und war viele Jahre Mitglied des Präsidiums des Deutschen Friedensrates. Schwarz hat indes an einem besonderen Stück Greifswalder Geschichte entscheidend mitgeschrieben. Empfohlen wurde die Gründung eines Intelligenzclubs im Arbeiter-und-Bauern-Staat schon 1954. Aber gegründet wurde dieser Zusammenschluss der mit den Klassen der Arbeiter und Bauern verbündeten Schicht der Intelligenz (so die offizielle Sprachregelung) nach langen Diskussionen erst sieben Jahre später. „Auch um den eventuellen Namen wurde manche Debattierstunde vertan, bis ich in einem Sekundeneinfall darauf kam, ihn nach dem Gründer unserer Universität ‚Rubenow-Club' (ein ehemaliger Bürgermeister) zu nennen."

Der Rubenow-Club schrieb unter dem Vorsitz von Hanns Schwarz und seinem Nachfolger ab 1970, dem Geschichtsprofessor Konrad Fritze, eine Erfolgsgeschichte. Sicher auch deshalb, weil er mit dem früheren Logenhaus, dem Clubhaus der Universität (CdU) über eine Heimstatt mit vielen Möglichkeiten vom gemütlichen Treff bis hin zu größeren Veranstaltungen verfügte. Es war der größte Intelligenzclub der DDR.

DIE DREI ECKEN DES PIONIERTUCHS
Vielfältige Freizeitmöglichkeiten in den Pionierhäusern

Ein blaues Halstuch haben im Grundsatz alle Schulkinder in der DDR getragen. In der ersten Klasse wurden alle Jungpioniere. Sich zu verweigern war erstens schwierig. Zweitens waren Nicht-Pioniere von vielen Gemeinschaftserlebnissen ausgeschlossen.

In der 5. Klasse erfolgte der Aufstieg vom Jung- zum Thälmannpionier. Das blaue Halstuch wurde ab 1973 gegen ein rotes getauscht. Pionierhemden gab es auch, die beispielsweise bei Fahnenappellen getragen wurden. „Wir Jungpioniere lieben unsere Deutsche Demokratische Republik" war das erste der zehn Gebote für Jungpioniere. Die Kinder sollten aber auch die Eltern und den Frieden lieben, singen, spielen, tanzen und Sport treiben. Das Halstuch richtig zu knoten, war schon eine kleine Kunst. Man trug es zu Pioniernachmittagen, an Wandertagen, beim Besuch der Patenbrigade …

Die drei Ecken des Tuches, das waren sozusagen die Säulen eines Abschnitts im DDR-Leben: Schule, Eltern und Pioniere.

Musikausbildung 1981 im Pionierhaus

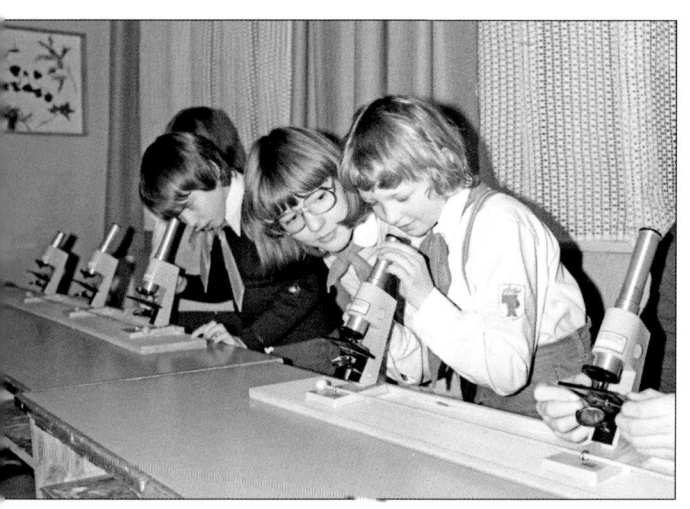

Schüler beim Mikroskopieren in den Winterferien im Fachkabinett des Pionierhauses II in der Grotewohlallee – heute wieder Anklamer Straße (Fotos: Jürgen Rother)

"Herzklopfen kostenlos" im Volkshaus

An den Schulen arbeiteten hauptamtliche Pionierleiter. Die Ernst-Moritz-Arndt-Universität war sehr aktiv in der Lehreraus- und -weiterbildung. Pionierleiter wurden an der Greifswalder Hochschule nicht ausgebildet. Aber es gab ein Pionierkabinett in der Franz-Mehring-Straße. Die beiden Gebäude des Greifswalder Pionierhauses in der Anklamer (heute Kunstwerkstätten) und der Schillstraße (jetzt Wohnhaus) boten viele Freizeitmöglichkeiten. Es gab beispielsweise Funker- und Akkordeonspieler-Gruppen. Die Tänzer des 35 Jahre von Klaus Hartmann geleiteten Kreis-Pionierensembles fuhren zu Arbeiterfestspielen. Dass sie 1965 in der Sendung „Herzklopfen kostenlos" des DDR-Fernsehens mit dem beliebten Moderator „Heinz dem Quermann" im Volkshaus (jetzt wieder Stadthalle) auftraten, war natürlich Stadtgespräch.

KNECHT RUPRECHT IN GREIFSWALD
Weihnachtsmärchen in der Mensa

Weihnachtsmärkte gab es auch in der DDR. Micha Grünberg, der später den Jugendclub „Schachtel" in Schönwalde II leitete, hat Verdienste um diese Veranstaltung erworben. Mit dem Weihnachtsmann kamen Väterchen Frost und Snegurotschka (das Schneemädchen/Schneeflöckchen). Freundschaft zur Sowjetunion wurde großgeschrieben. Der Weihnachtsmann sah sich damals sogar das Weihnachtsmärchen des Theaters in der Mensa am Wall an und fuhr dann mit seinem Gefolge, um den Weihnachtsmarkt zu eröffnen.

Knecht Ruprecht eröffnet den Weihnachtsmarkt.

Der Weihnachtsmann und sein Gefolge posieren 1979 in der Mensa. (Fotos: Jürgen Rother)

SCHIPPEN FÜR DIE EDV
AWG-Stunden für eine Wohnung

Die Universität Greifswald besitzt seit 1968 ein Rechenzentrum. Mitte der 1980er wurde an der Ernst-Moritz-Arndt-Universität ein ESER-Rechner angeschafft. ESER steht für Einheitliches System Sozialistischer Rechentechnik. Entwickelt und gebaut wurden Großrechner von aus heutiger Sicht geradezu gigantischen Ausmaßen. Die Zahl der Beteiligten ist beeindruckend. Für ESER waren rund 20 000 Wissenschaftler, Ingenieure und Programmierer tätig. Etwa 300 000 Menschen waren in der Produktion und im Service beschäftigt. Es war die Zeit der Lochstreifen, der Lochkarten, als Rechenoperationen, die heute Bruchteile von Sekunden benötigen, eine halbe Stunde dauerten. Später folgten Magnetbänder.

Gemeinsam wurde der Graben für den Anschluss an den ESER-Rechner geschippt. (Foto: Sammlung Oberdörfer)

Auch bei der Gestaltung der Außenanlagen der Fischerschule packten Eltern mit an. (Foto: Archiv der Fischerschule)

Für die Ausbildung der Studenten wurde ein Computer-Arbeitsraum eingerichtet, dessen Terminal direkt mit dem Rechenzentrum verbunden war. Die dafür nötigen Kabelgräben hoben die Wissenschaftler 1984 aus. Hochschulmitarbeiter und Studenten wurden auch gern zum Stopfen von Löchern in der Produktion in Anspruch genommen. Sie ernteten beispielsweise Kartoffeln und Rüben. Es hatte schon was, wenn der Professor am Kartoffel-Förderband stand und Steine aussortierte. Gräbenschippen war indes auch bei anderen DDR-typischen Aktionen üblich. Beispielsweise dann, wenn Stunden für die AWG, die Arbeiterwohnbaugenossenschaft Greifswald zu leisten waren. Die waren nötig, um über diesen Weg eine Wohnung zu bekommen. Üblicherweise wurden Freunde und Kollegen geworben, um die nötige Stundenzahl möglichst schnell zusammenzubekommen.

SCHLANGEN AM BOTANISCHEN GARTEN
Auf Verdacht einreihen

Schlangestehen war für gelernte DDR-Bürger nichts Besonderes. Es könnte ja „etwas" geben. Und da konnte man sich schon mal auf Verdacht einreihen. Weil sich die planwirtschaftliche Versorgung vor allem an der Zahl der Einwohner mit Hauptwohnsitz orientierte, war die Studentenstadt Greifswald vergleichsweise schlecht versorgt. Bürger fuhren in umliegende Städte wie Grimmen, Demmin, ja sogar Jarmen, um ihre Konsumwünsche zu erfüllen. Die Einkaufsstadt schlechthin war für DDR-Bürger Berlin. Das Schaufenster der Republik war besser versorgt. Hier gab es sogar Ketchup! Schlangestehen war indes keine Erfolgsgarantie. Wer sich in die Wartegemeinschaft einreihte, wusste nicht unbedingt, was dieses „Etwas" war, was es da gab oder auch nicht.

Donnerstags gab's Schallplatten

Jeden Donnerstag gab es beispielsweise Schallplatten in Greifswald. Da

Heute ist es unvorstellbar, was für ein Interesse die Pflanzen des Botanischen Gartens fanden. (Foto: Sammlung des Botanischen Gartens)

bildete sich immer eine Anstehgemeinschaft. Dass Greifswalder sich 1986 sogar eine Stunde vor dem Tor des Botanischen Gartens in der Münterstraße aufreihten, könnte man damit erklären, dass die Menschen etwas Besonderes erwarteten, meint Thoralf Weiß. Schließlich bot hier eine wissenschaftliche Einrichtung Pflanzen an. Seine Greifswalder Zeit im Garten begann 1984.

Kommunikation und Austauschbeziehungen

Dabei bestand das Angebot zu einem großen Teil aus Pflanzen, mit denen man damals üblicherweise seine Wohnungen und Büros schmückte: Alpenveilchen, Gummibäume, Sansevierien, Dieffenbachien, Farne und so weiter. Fast alles Pflanzen, die an Freunde, Bekannte und Familienmitglieder über Stecklinge vergeben wurden. So große Gummibäume, wie sie damals in den Wohnungen standen, sind heutzutage selten. Der Austausch war jedenfalls sehr kommunikativ und eröffnete unter Umständen Chancen für anderweitige Austauschbeziehungen. Die Pflanzen für den Markt in der Münterstraße wurden nur zu einem Teil für diesen Zweck gezüchtet. Die anderen hatten die Gärtner für den Bedarf des Botanischen Gartens produziert, sie wurden aber nicht für diesen benötigt. Auch für die Ausbildung von Lehrlingen spielte die Pflanzenzucht eine Rolle. Mehr Geld als die Gärtner durfte die Uni nicht nehmen. „In der DDR gab es eine Preisliste Zierpflanzen", erzählt Thoralf Weiß. Zu den Besonderheiten des Angebots gehörten Wasserpflanzen für Aquarien. Auch Hibiskuspflanzen gab es 1986. Das waren schon Raritäten. Wenn die schließlich ausverkauft waren, gab es Beschwerden. Eine Stunde anstehen und nichts bekommen, das war schon hart.

Fleischer Rische

Ich habe in diesen Jahren einiges über Fleisch gelernt. Fleischer Rische in der Wilhelm-Külz-Straße (Lange Reihe) war eine erste Adresse für Freunde von Rind, Schwein und Co. Vier Stunden vor dem kleinen Eckladen ausharren, wenn man um Ware für Silvester anstand, war durchaus normal. Im Laden angekommen hieß es dann zu schauen, was es noch gab und nachdenken, was man damit anfangen konnte. Die letzte Entscheidung fiel an der Theke. Die Versorgungslage wurde in den 1980er Jahren schlechter. Besonders mies war es 1982, als die DDR alles, was nur möglich war, exportierte, um ihre Verbindlichkeiten zu begleichen. Regale wurden kunstvoll mit den vorhandenen Waren dekoriert.

FUSSBALLER AUF OBERLIGANIVEAU
12 000 Zuschauer kamen 1958 zum Aufstiegsspiel

Die BSG Kernkraftwerk Greifswald war der einzige deutsche Fußballverein mit Atomlogo im Wappen. Von 1968 bis 1990 haben die Hansestädter viele Jahre in der DDR-Liga der zweithöchsten Klasse gekickt. Anders als heute wurde die Kernenergie damals positiv gesehen. Anstoß an dem Logo nahm niemand. Betriebssportgemeinschaften trugen ihre Firma im Namen wie beispielsweise auch Wismut Aue und Stahl Brandenburg. Vorgänger der BSG Kernkraftwerk vor 1968 war die BSG Einheit Greifswald. Als 1958 deren Spiel gegen die BSG Motor Süd Brandenburg um den Aufstieg von der zweiten in die erste Liga stattfand, kamen 12 000 Zuschauer ins Volksstadion, um den 2:0-Sieg der Hansestädter zu erleben. Zum „Freundschaftsspiel" gegen Bayern München im Jahr 1997 kamen nur wenig mehr.

Sport besaß in der DDR immer hohes Ansehen und wurde gefördert. Die Vorläufer des KKW-Teams, die Einheit-Greifswald-Kicker der 1950er Jahre, bekamen extra Essenmarken. Einmal in der Woche durften sie nach dem Training beim Fleischer Abendbrot essen. Einheit Greifswald blieb bis 1966 in der DDR-Liga, ab 1962/1963 Ligastaffel Nord. Nach dem Abstieg 1966 in die Bezirksliga gelang zwei Jahre später der Wiederaufstieg. Im August wurde aus Teilen der BSG Einheit die BSG Kernkraftwerk Greifswald. Auch 1975 wurde der Rekord von 1958 nicht erreicht. Damals hätte die BSG KKW mit Trainer Ferdinand Brusch beinahe einen amtierenden DDR-Meister und Gewinner des Europapokals der Pokalsieger aus dem Pokal gekickt.

Steinbach schoss für den 1. FC Magdeburg vor 7500 Zuschauern im Volksstadion das einzige Tor, die Überraschung blieb aus. In der OSTSEE-ZEITUNG hieß es damals:

„Nach einer insgesamt enttäuschenden Partie stand es bis wenige Sekunden vor Schluss noch 0:0. Erst dann gelang dem 1. FCM das erlösende 1:0 aus stark abseitsverdächtiger Position. Der Meister ist völlig außer Form und findet derzeit ein-

Die Greifswalder Spieler laufen gegen Magdeburg auf. (Foto: Sammlung Eckhard Oberdörfer)

fach nicht seinen Rhythmus ... Die Rekordzuschauerkulisse im Greifswal-
der Volksstadion war von ihrer Elf hellauf begeistert, denn die Platzbesitzer
erreichten in der ersten Halbzeit nicht nur Gleichwertigkeit, sondern sogar
Vorteile. Nicht allein hohe Kampfmoral und unerhörter Einsatz zeichne-
te alle KKW-Spieler aus, sondern auch mit spielerischen Mitteln suchte der
Liga-Vertreter seine Möglichkeiten. Und selbst als der Platzbesitzer mit nur
noch zehn Mann auskommen musste, konnte der 1. FCM keinen großen
Nutzen ziehen.“

Duschwasser mit Badeofen erwärmt

Das Eckenverhältnis betrug 15 zu 5 für Greifswald. Magdeburgs Trainer Heinz Krügel bescheinigte Greifswald insgesamt Oberliganiveau. Es
war nicht das einzige „große Spiel“ im Volksstadion. Vor 7000 Zuschauern wurde 1972 gegen die DDR-Nationalmannschaft gespielt. Auch die
Nationalmannschaft von Burma kam. 1981 stieg KKW wieder ab, dann
folgte ein Auf und Ab bis 1985. Unter Generaldirektor Reiner Lehmann
erfolgte nun eine systematische Förderung der Mannschaft mit dem neu-
en Namen BSG KKW Nord Greifswald. Das Kernkraftwerk investierte
ferner auf der Basis eines Kommunalvertrags mit der Stadt in das Volksstadion. Das noch heute genutzte Sport- und Klubgebäude entstand.
Zuvor musste das Duschwasser mit einem Badeofen erwärmt werden.
Das Kombinat war seit 1984 Rechtsträger des Volksstadions. Reiner Lehmann wollte den Aufstieg in die Oberliga. Die Spieler waren Angestellte
im Werk und arbeiteten dort auch. Allerdings nicht Vollzeit.

Ihr Hauptjob war das Fußballspielen, dafür wurden sie letztlich bezahlt.
Um den Aufstieg in die höchste Spielklasse zu schaffen, wurde 1987
Trainer Wolfgang Moschke vom FC Karl- Marx-Stadt nach Greifswald
geholt. Zusammen mit der Leitung entwickelte er für das Ziel Oberliga einen Dreijahresplan, um den Aufstieg bis 1990 zu schaffen. Moschke holte junge Spieler aus Berlin, aus Rostock und Karl-Marx-Stadt.
Greifswald war Ende der 1980er Jahre damit nicht mehr der Talente-
lieferant für den Rostocker Oberligaclub. KKW lockte mit sehr guten
Gehältern. Die beiden Vereine einigten sich, dass KKW keine Männer-
spieler aus Rostock abwirbt, aber auch keine Talente nach Rostock dele-
giert. Dann kam die Wende. 1989 lag KKW noch dicht mit Union Berlin ganz oben in der Liga zusammen. Aber nach der Öffnung der Grenze wanderten einige Spieler in den Westen ab. Der Aufstieg wurde verpasst. Die Pläne für eine Überdachung des Stadions wurden nicht mehr
umgesetzt. Die BSG KKW Nord ging nach der Wende im Greifswalder
SC auf, der nach seiner Insolvenz 2003 ebenfalls nicht mehr existierte.

FUSSBALL IN GREIFSWALD

Saison	Spielklasse	Endplatzierung
1968/69	DDR-Liga Staffel Nord	13.
1969/70	DDR-Liga Staffel Nord	6.
1970/71	DDR-Liga Staffel Nord	10.
1971/72	DDR-Liga Staffel A	5.
1972/73	DDR-Liga Staffel A	6.
1973/74	DDR-Liga Staffel A	6.
1974/75	DDR-Liga Staffel A	2.
1975/76	DDR-Liga Staffel A	6.
1976/77	DDR-Liga Staffel A	6.
1977/78	DDR-Liga Staffel A	4.
1978/79	DDR-Liga Staffel A	9.
1979/80	DDR-Liga Staffel A	9.
1980/81	DDR-Liga Staffel A	12. (Abstieg)
1981/82	Bezirksliga Rostock	1. (Aufstieg)
1982/83	DDR-Liga Staffel A	12. (Abstieg)
1983/84	Bezirksliga Rostock	1.
1984/85	Bezirksliga Rostock	1. (Aufstieg)
1985/86	DDR-Liga Staffel A	6.
1986/87	DDR-Liga Staffel A	9.
1987/88	DDR-Liga Staffel A	7.
1988/89	DDR-Liga Staffel	12.

GREIFSWALDER SPITZENSPORTLER
Federball und Rollschuhlaufen

Im Badminton, damals sprach man normalerweise von Federball, war Greifswald zu DDR-Zeiten und auch noch viele Jahre nach der Wende spitze. Der Name Michalowsky stand für hohe Qualität. Federball genoss großes Ansehen in der Stadt, die Werner-Seelenbinder-Turniere waren gut besucht. Die 1958 durch Hermann Schallhorn als Sektion Federball der BSG Einheit Greifswald entstandene Truppe holte zwischen 1968 und 1989 immerhin 19 Mannschaftsmeistertitel. Dazu kamen 18 Pokalsiege und 71 Siege in Einzelwettkämpfen.

Erfolgreiche Greifswalder Badmintonspieler 1979 beim Werner-Seelenbinder-Turnier

Auch im Rollkunstlaufen, das gern als Eiskunstlauf auf Rollschuhen beschrieben wird, begann in Greifswald 1963 eine Erfolgsgeschichte. Sie ist seit vier Jahrzehnten untrennbar mit den Bettins, besonders Dr. Henriette Bettin, verbunden. Sie ist bis heute als Trainerin tätig. Sohn Dr. Hartmut Bettin führt seit vielen Jahren den Verein. Dietmar Bettin (1982) und Hartmut Bettin (1987, 1988) wurden DDR-Meister für die BSG Lokomotive Greifswald, zu der die Rollkunstläufer seit 1976 gehörten. Viele weitere vordere Platzierungen kamen hinzu. Als nichtolympische Disziplin genoss der Rollkunstlauf nicht die gleiche Unterstützung in der DDR wie viele andere Sportarten. 1973 wurde dennoch eine neue, vergrößerte Rollsportanlage am Philipp-Müller-Stadion eingeweiht. Ihre Entstehung ist durchaus typisch für solche Projekte. Eine Brigade, die am Bau des Kernkraftwerks in Lubmin beteiligt war, half.

Einige zur Baustelle bei Lubmin fahrende Betonmischer wurden zur Rollsportanlage umgeleitet und sorgten für nötiges Material.

Allerdings fehlte Expertenwissen, sodass die Qualität der Bahn Wünsche offen ließ. Immer wieder musste nachgeschliffen und Fehlstellen mussten ausgebessert werden, auch vor den DDR-Meisterschaften 1979 in Greifswald. Mit viel Engagement bewältigten die Sportler alle Probleme bis hin zur Herstellung der Wettkampfbekleidung. Hallentraining war immer ein Problem, zunächst wurde der Bettin'sche Waschraum genutzt, um wenigstens eine Kurve üben zu können. Immer wieder wechselten die Räume, sogar in der Bar des Kreiskulturhauses haben sich die Rollkunstläufer versucht. Für den Winter 1989/90 wurde ihnen das ehemalige SPD-Haus, das Haus der Jugend und Sportler (Hansahalle) in der Langen Reihe (damals Wilhelm-Külz-Straße), angeboten.

Erfolgreiche Rollkunstläuferinnen.

Dieser Sport ist gut anzusehen. (Fotos: Sammlung Henriette Bettin).

„Das Gebäude war sehr heruntergekommen, das Wasser in den Toiletten abgestellt", erinnert sich Henriette Bettin. „Es war ein Saal mit Bühne. Eine Tanzgruppe hatte früher dort ihr Domizil. Während im Dezember 1989 viele Leute nach einem Pass anstanden oder der Rede von Herrn Rühe (gemeint ist CDU-Politiker Volker Rühe) auf dem Markt lauschten, scheuerte ich die Halle und malte Pflichtbogen mit Kreide auf. Nun gab es wieder die Möglichkeit, einer ganzen Reihe von Läufern die Anfänge des Rollkunstlaufens beizubringen. Vor allen Dingen konnte ich sie auch für die Pflichtprüfung qualifizieren, da in der niedrigsten Klassenlaufprüfung besonders der Schlangenbogen vorwärts eine glatte Lauffläche erforderte, die auf der Außenbahn nicht mehr vorhanden war." Im Winter 1990/91 haben die Rollkunstläufer noch einmal in der Hansa-Halle trainiert. Im Frühjahr 1991 war Schluss. Es war zu gefährlich geworden, durch Brocken von Putz, die von der Decke fielen.

Keine Mädchen, keine Spätvorstellung im Kino

Heute sind die von den Kanuten der HSG Uni Greifswald organisierten Drachenbootrennen auf dem Ryck im Juni Höhepunkte mit mindestens vorpommernweiter Ausstrahlung. Auch leistungsmäßig müssen sich die Hansestädter nicht verstecken. Eine Renngemeinschaft des Teams „Arabos" des Greifswalder Ruderclubs Hilda 1892 und der Prenzlauer „Uckerdrachen" holten 2016 bei den Weltmeisterschaften im australischen Adelaide drei Titel. Der Rudersport hat eine große Tradition in Greifswald. Schon in den 1950er Jahren war die Betriebssportgemeinschaft (BSG) Einheit sehr erfolgreich. Einige Ruderer gingen wie damals üblich zu DDR-Leistungszentren. Die BSG Einheit war aus dem 1892 gegründeten Kaufmännischen Ruderclub „Hilda" hervorgegangen. Heute heißt er Greifswalder Ruderclub Hilda 1892. Martin Röder hat 1952 bis 1958 aktiv gerudert. 1954 holte der Jugend-Leichtgewichtsvierer, in dem er saß, bei den DDR-Meisterschaften die Silbermedaille. Das Zuschauerinteresse war in einer Zeit, als es bei weitem nicht so viele Unterhaltungsmöglichkeiten wie heute gab, sehr groß. „Wir haben das Training sehr ernst genommen", erinnert er sich. Dazu gehörte ein entsprechendes Verhalten.

In den 1950er Jahren war auch Rudern ein Publikumsmagnet. (Foto: Sammlung Martin Röder)

Die Ruderer durften beispielsweise keine „festen" Beziehungen zu Mädchen unterhalten, keine Spätvorstellungen in den Kinos besuchen. Sie sollten ausreichend schlafen. Dazu wurden die jungen Leute vom Trainer per Handschlag verpflichtet. Zunächst wurden die Neuen von den erfahrenen Mitgliedern angeleitet, berichtet Röder. Dann wurden die Mannschaften für Fahrten unter Traineraufsicht zusammengestellt.

Rudern im Kasten

Im Winter wurde „im Kasten" geübt und trainiert. Dieser „Kasten" befand sich im Haus Stralsunder Straße 10/11, dem früheren Gesellschaftshaus „Zum Greif". Der Saal wurde als Sporthalle genutzt. Der „Kasten" war ein „Einer", also ein Ruderboot für eine Person, in einem ringförmigen Wasserkanal. Statt eines Ruderblattes wurde ein Drahtbügel durch das Wasser bewegt. Der auszubildende Ruderer saß auf dem Rollsitz im „feststehenden Boot", während um ihn herum das Wasser von ihm in Bewegung gebracht werden musste, fasst Martin Röder zusammen. Fehler konnten zeitnah vom Trainer korrigiert werden. Die Anlage bestand aus Beton. Der ungeheizte Raum roch immer muffig. Im Frühjahr ging es aufs Wasser und nach Zusammenstellung der Mannschaften fürs Training in die Rennboote. Diese waren damals mit einer glatten Außenhaut aus speziellem Holz, dünn wie Sperrholz, belegt. Martin Röder saß im Riemenvierer mit Steuermann, der in der Jugend-Leichtgewicht-Leistungsklasse A auf verschiedenen Regatten Siege für Greifswald holte. Bei der DDR-Jugendmeisterschaft in Berlin-Grünau 1955 auf der Regatta-Strecke der Olympiade von 1936 fehlte eine Zehntelsekunde zum Sieg. Die Messung erfolgte analog, das heißt mit Stoppuhren und Peillinie. Die leichtgewichtigen Teilnehmer wurden vor jedem Start gewogen, ob das zulässige Einzelgewicht nicht überschritten wurde, nur einer der Mannschaft durfte etwas kräftiger sein. Insgesamt musste das Gewicht aber stimmen. Die Erfolge der Greifswalder Mannschaften wurden durch hartes Training erreicht. Teilweise wurden über 1000 km auf dem Ryck bis zur Wiecker Brücke und zurück mit Intervall- und Ausdauer-Abschnitten bei unterschiedlichem Krafteinsatz zurückgelegt. Kraft- und Ausdauertraining und Geländeläufe gehörten zum Programm.

Von Doping konnte noch lange keine Rede sein

Vor Wettkampfhöhepunkten trainierten die Ruderer bis zu fünf Mal in der Woche. Die BSG besaß in den 1950er Jahren noch kein Motorboot. Die Trainer fuhren darum mit dem Fahrrad auf dem Treidelpfad neben den Booten und gaben per Flüstertüte Hinweise. Der Treidelpfad war damals nur ein schmaler unbefestigter Fußweg. Einige Trainer stürzten darum manchmal mit ihrem Rad. Damit sie überhaupt fahren konnten, musste bei der Verkehrspolizei eine Sondergenehmigung beantragt werden. Denn auf dem Deich durften nur Fußgänger spazieren. Die Ernährung der Sportler war in den 1950er Jahren noch ein Problem. Bis 1958 gab es in der DDR Lebensmittelmarken. Für die Ruderer wurden Trainingsessen organisiert, berichtet Martin Röder. Es gab zum Essen ein Glas Wein, in das ein

Eigelb gequirlt war. Unmittelbar vor den Starts bei Regatten erhielten die Sportler die frei erhältlichen Traubenzucker-Tabletten. Die Fahrt zu anderen Wettkampforten war ein kleines Abenteuer. Die Ruderer fuhren mit dem schon etwas klapprigen Theaterbus. Maximal hatten ein Vierer, ein Zweier und ein Einer auf dem Dach des alten Gefährts Platz.

Die goldenen Handballerjahre

In den 1960er Jahren waren die Greifswalder Handballer eine Macht. Besonders im Feldhandball feierten sie Erfolge. Handball war damals in Greifswald keineswegs eine Männerdomäne. 1954 bis 1957 spielte eine Frauenmannschaft in der DDR-Liga. Karin Jassmund und Inge Steinhäuser gehörten zum Kader der Nationalmannschaft, kann man in der Festschrift zum 35. Jahrestag der Gründung nachlesen. Weil die meisten Spielerinnen Sportstudentinnen waren, endete diese Glanzzeit mit dem Ende von deren Studium. In Greifswald fehlten größere Sporthallen. Trainiert wurde in der Halle Falladastraße 11 oder in der Halle am Schießwall (heute Mensastandort). Die Hansestädter führten anfangs ihre Heimspiele in Neustrelitz, später in Grimmen durch, erzählt Bernt Petschaelis, der lange für Greifswald aktiv war. Erst 1974 gab es mit der Sporthalle I in Schönwalde I die erste für Handballspiele geeignete Halle in der Hansestadt. Das war sicher ein Grund für die Dominanz des Feldhandballs in Greifswald. Je elf Spieler kämpfen dabei gegeneinander. Das Spielfeld ist so groß wie ein Fußballfeld, auch die Tore sind von vergleichbarer Dimension. In Greifswald wurde im Volksstadion gespielt. Feldhandball war 1936 olympische Disziplin und eine deutsche Domäne. Zu den Greifswalder Spielen kamen zeitweise über 1000 Zuschauer. Eine eigenständige HSG-Männermannschaft gab es seit 1952.

Günter „Jimmy" Korell kann im Spiel gegen den SC Empor Rostock Nationalspieler Rainer Ganschow beim Torwurf nicht stoppen.

Günter „Jimmy" Korell (links) und Wolf-Dieter „Vietzer" Schmidt (Zweiter von rechts) im Angriff gegen den ASK Frankfurt/Oder im Feldhandballpunktspiel der DDR-Oberliga 1965. (Fotos: Sammlung Bernt Petschaelis)

Ein Jahr später schreibt Chemiestudent Ernst Wolf im Oktober nach dem Sieg über Einheit Wismar:

„Die Greifswalder sind einfach nicht zu halten. Der gesamte Sturm spielt reibungslos zusammen. Mit Riesenschritten eilen die Greifswalder der Herbstmeisterschaft entgegen. 1954 wurde Lugi Lund vor 3000 Zuschauern mit 11:5 besiegt."

Unvergessen „Vietzer" Schmidt

Ebenso viele Greifswalder kamen, als die HSG Wissenschaft im gleichen Jahr im Volksstadion im Duell der Tabellenersten Einheit Ahlbeck mit 8:7 besiegte. Nach den Aufzeichnungen von Ernst Wolf eilten die Greifswalder von Sieg zu Sieg. Am Ende stand der erste Bezirksmeistertitel. Der Aufstieg wurde indes verpasst. In den Jahren bis 1960 war das Männerteam auf dem Feld und in der Halle niemals schlechter als Vierter im Bezirk Rostock. Günter Korell, Otto Kirchner, Wolfgang Formella, Hans Deutsch, Ernst Wolf und ab 1959 Nationalspieler Wolfgang Niescher prägten die Truppe. Der wichtigste Mann war aber der unermüdliche Spielertrainer Wolf-Dieter „Vietzer" Schmidt. Er bestritt bis 1980 über 1000 Spiele. 1960 folgte der Aufstieg der Feldhandballer in die DDR-Liga und 1965 in die DDR-Oberliga. Unvergessen für alle Beteiligten ist das 1960 ausgetragene Freundschaftsspiel gegen die DDR-Nationalmannschaft, das mit 12:24 (8:9) Toren endete. Fünf Jahre später schafften auch die Hallenhandballer den Sprung in die DDR-Liga.

Sportler wie Erich Dreibrodt, Klaus Wulff, Karl-Ewald Tietz, Werner Kleemann oder Rolf Warkus waren längst Stammspieler.1967 kam das Ende des Feldhandballs in der DDR, die Halle hatte sich durchgesetzt. Die Greifswalder spielten in dieser Zeit immer in der DDR-Liga. 1968 holten sie zum Abschluss den anstelle einer Meisterschaft ausgeschriebenen Bezirkspokal in Ribnitz. Für den damals erst 17-jährigen Bernt Petschaelis war es ein Glücksfall, von dieser erfolgreichen und gestandenen Mannschaft 1967 sofort vollwertig als Torhüter aufgenommen zu werden. „Für mich war es auch gut, dass Hallenhandball bedeutungsvoller wurde, da ich im Großfeldtor kaum eine Chance gehabt hätte", erzählt Petschaelis rückblickend. Insgesamt kamen für ihn über 1300 Spiele in der Zeit von 1967 bis 2011 für die HSG Greifswald zusammen. Die HSG Universität Greifswald ist der größte Sportverein Vorpommerns. Der Verein wurde 1949 gegründet.

DIE „IDIOTENRENNBAHN"
„Brautschau" der Jugend

In den Erinnerungen an das Greifswalder Leben der Kaiserzeit ist häufig vom Flanieren am Sonntag durch das historische Zentrum die Rede. Ganz so, wie es der deutsche Urlauber heutzutage aus Südeuropa kennt. Martin Röder erinnert sich aus seiner Jugendzeit in den 1950er Jahren daran, dass die Greifswalder Jugendlichen beiderlei Geschlechts abends bis zur Dämmerung auf der „Idiotenrennbahn" flanierten.

Die „F-Straße"
im Jahre 1975
(Foto: Jürgen
Rother)

Das heißt, dass sie wie in einer Endlosschleife auf der Langen Straße (zwischen 1950 und 1991 Straße der Freundschaft/F-Straße) vom Markt bis etwa zur Einmündung der Rubenowstraße die Straße auf beiden Bürgersteigen hoch- und runtergingen. Die Schlange der jungen Leute bildete sich auch spontan nach Feierabend an Werktagen. Mädchen beziehungsweise Jungen gingen in Reihen nebeneinander zu dritt oder viert, je nachdem wie es die Bürgersteige ermöglichten. Die Straße der Freundschaft war ja in den 1950er Jahren noch keine Fußgängerzone, wobei der Fahrzeugverkehr überschaubar war. Die Länge der Menschenschleife war ebenso unterschiedlich wie der Radius der Runden, der Umkehrpunkt musste nicht an der Rubenowstraße sein. Alles löste sich nach zwei bis drei Runden auf, je nachdem, ob und wann einzelne Spaziergänger nach Hause wollten oder mussten, berichtet Martin Röder. Es gab nicht viele Orte, wo man auf „Brautschau" gehen konnte.

RÄDER MARKE EIGENBAU
Man wusste sich zu helfen

Heute lassen sich viele Greifswalder ihr Fahrrad eine vierstellige Summe kosten. Das Angebot ist für Normalbürger nicht mehr zu überschauen. In der DDR war das anders. So mancher Vater hat für seine Sprösslinge Räder aus alten Teilen zusammengebaut, die häufig vom Schrottplatz stammten. In den ersten Jahren nach dem Zweiten Weltkrieg fehlte es ja an allem. Ein besonderes Problem waren die Reifen, die zum Teil extrem verschlissen waren. Risse an den Seiten öffneten sich immer wieder. Betroffene versuchten das Problem mittels Umwickeln der Reifen mit Bindfäden oder das Aufsetzen von Reifenstücken zu lösen. Diese wurden in die Felge links und rechts eingeklemmt. Solch eine Flickschusterei führte zu holprigem Fahren, besonders wenn Vorder- und Hinterrad repariert worden waren. Alte ausgeleierte Ketten, Zahnräder beziehungsweise Ritzel führten dazu, dass die Ketten übersprangen oder rissen. Mit Ersatzteilen für die vielen verschiedenen Typen konnten private Fahrradhändler in den ersten Jahren nach dem Krieg nicht dienen. Sie wurden im Vergleich mit den 1948 ge-

Franz Knoche 1985 in seiner Reparaturwerkstatt in der Brüggstraße (Foto: Jürgen Rother)

gründeten Geschäften der Handelsorganisation (HO) der DDR schlechter beliefert und später steuerlich benachteiligt. Dennoch: „Knoche" in der Brüggstraße und „Wickleder" in der Mühlenstraße sind Alteingesessenen als gute Adressen wohlbekannt.

Sie haben es über Jahre verstanden, Waren für ihre Kunden zu besorgen. Beide Geschäfte gehörten genauso zu den Greifswalder Institutionen wie die Druckerei Kiekbusch oder das 1888 gegründete Geschäft von Gustav Fobke in der Mühlenstraße, ab 1988 in der Fleischerstraße. Dort ließ sich so mancher Greifswalder einen Stempel oder ein Namensschild anfertigen. Vor 1961 behalfen sich viele DDR-Bürger auch mit einer Einkaufstour in den Westen. Allerdings war die Geldbörse bei der Rückfahrt ziemlich schmal. Der Kurs der Ostmark zur Westmark lag zunächst bei 1:3 und 1:4 und wurde in der Tendenz noch schlechter. Bei möglichen Kontrollen auf den S-Bahnhöfen oder im D-Zug von Berlin wurden die erworbenen Teile natürlich als Geschenke deklariert. Solche Einkaufsfahrten fanden nicht nur in Sachen Fahrradteile statt. Auch im HO-Fahrradgeschäft waren Ersatzteile schnell vergriffen und wurden zur „Bückware".

DIE TANKSTELLE IN DER ANKLAMER STRASSE
Einziger Sportwagen der DDR – 101 Exemplare

Heute gibt es in Greifswald nur noch moderne Tankstellen. Sie liegen ausnahmslos an den Ausfallstraßen. Zu DDR-Zeiten war das noch anders. Viele Greifswalder fuhren zur Tankstelle Sternberg in der Stralsunder Straße. Architektonisch etwas Besonderes war die Bezinausgabestelle in der Anklamer Straße beim Autohaus Dust. Der Regenschutz, das Dach über den Säulen, war von der Bauhausarchitektur inspiriert.

Die nach der Wende abgerissene Tankstelle in der Anklamer Straße (Foto: Jürgen Rother)

Es gab sogar nach der Wende Bestrebungen, diese Tankstelle unter Denkmalschutz zu stellen. Das hat allerdings nicht geklappt. Viele werden sich an die Zapfanlage in der Wolgaster Straße hinter der Europakreuzung erinnern. Der Besitzer fuhr einen Rennwagen, einen Wartburg Melkus. Produzent war die Dresdner Heinz Melkus KG. Ab 1969 wurde der Melkus RS 1000 produziert, der auf normalen Straßen fahren durfte. Es war der einzige Sportwagen der DDR. Basis des RS 1000 war der Wartburg 353. Bis 1980 wurden 101 Exemplare dieses Autos hergestellt. Dann entschied man, die Produktion einzustellen. Einmal durfte der Greifswalder Tankstellenbesitzer sogar auf der Aschenbahn des Volksstadions Runden drehen. Die sollte ohnehin erneuert werden. Publikumswirksam fanden die Fahrten vor einem Fußballspiel der BSG Einheit Greifswald statt.

DIE ZWEIKLASSENGESELLSCHAFT
Westgeldbesitzer und DDR-Bürger ohne Westgeld

In der DDR gab es im eigenen Selbstverständnis die Klassen der Arbeiter und Bauern sowie Schichten wie die der Intelligenz. Das ist letztlich eine Definitionsfrage. In einem anderen Sinn gab es zwei Klassen, diejenigen, die Westgeld besaßen und die, die über keine Devisen verfügten. Wer über D-Mark verfügte, konnte in den Intershops einkaufen. Diese staatliche Handelskette wurde 1962 gegründet. Zunächst waren Transitreisende und Besucher aus dem westlichen Ausland die Zielgruppe. Es gab Nahrungsmittel, Alkohol, Tabakwaren, Kleidung, Spielwaren, Schmuck, Kosmetika, technische Geräte, Tonträger und vieles mehr. Für Mark der DDR war ein vergleichbares Sortiment nicht oder nur schlecht zu bekommen. Dabei wurde der größte Teil des Warenangebots als sogenannte Gestattungsproduktion in der DDR für Firmen der Bundesrepublik produziert. Erst ab 1974 durften Ostdeutsche Devisen besitzen und im Intershop einkaufen. Der Geldwechsel blieb untersagt.

Der Intershop in der Johann-Sebastian-Bach-Straße. (Foto: Jürgen Rother)

Intershop, „Delis", „Fress-Ex"

Ausländer kauften ab 1979 weiter mit ihrer konvertierbaren Währung in den Intershops ein. DDR-Bürger hatten ihr Westgeld vorher in Forum-Schecks umzutauschen. In Greifswald gab es drei Intershops, erinnert sich Gerd Neumann. Einer befand sich im Hotel „Boddenhus", Ecke Wolgaster Straße/Karl-Liebknecht-Ring, in dem die internationalen Gäste der Stadt abstiegen. Standort Nummer zwei war das frühere Hotel „Burmeister" Kapaunenstraße/Ecke Lange Straße. Der dritte Intershop hatte seinen Sitz in der Bachstraße, erinnert sich Neumann. Um Kaufkraft in DDR-Mark abzuschöpfen, gab es außerdem die Delikat-Geschäfte. Sie führten vor allen Nahrungs- und Genussmittel, also die namensgebenden Delikatessen. Diese stammten überwiegend aus DDR-Produktion und waren sonst schwer zu bekommen. Auch West-Marken waren dabei, die meist aus der sogenannten Gestattungsproduktion stammten. Bezahlt werden musste in der Regel viel mehr als in den Normalgeschäften, die an das Gebot der Preisstabilität gebunden waren. Die ersten „Delis" der DDR wurden 1966 eröffnet. Ab 1978 wurde ihre Zahl deutlich vergrößert. Der Greifswalder „Fress-Ex" befand sich im Haus Markt 27, also am Fischmarkt.

GEMEINSAMES DRÜCKEN AUF DEM TÖPFCHEN
Lange Tage für die Kinder

In der DDR wurde es üblich, die Jüngsten in Kindergärten und zunehmend auch in Krippen betreuen zu lassen. Mitte der 1950er Jahre besuchte noch nicht einmal eines von zehn Kindern eine Krippe, drei Jahrzehnte später waren es vier von fünf. Die Berufstätigkeit der Frau wurde Standard. Es war nicht nur üblich, Kinder zu bekommen, die Mütter waren auch in der Regel deutlich jünger als heute. Auch der Gang zum Standesamt erfolgte häufig schon mit nicht einmal 20 Jahren. Das hatte auch einen ganz praktischen Grund. Wohnungen waren knapp. Wer als kinderloses Paar in den 1980er Jahren eine Einraumwohnung im Neubaugebiet besaß, galt als versorgt. Im Bezirk Rostock wurden die flächenmäßig kleinsten Wohnungen gebaut. Dazu kam die Berlininitiative, für die die DDR eigentlich gar nicht vorhandene Reserven mobilisierte. Eine Kreisstadt wie Greifswald hatte in der Rangliste des Landes schlechte Karten.

„Topfstunde" in der 1977 eingeweihten Kindergarten-Krippen-Kombination. (so hießen die Kindertagesstätten) in der Maxim-Gorki-Straße

Besonders Krippenplätze waren in Greifswald rar, obwohl die DDR in ganz Europa über das dichteste Netz dieser Einrichtungen für Kinder im Alter von drei Monaten bis drei Jahren verfügte. Die Möglichkeiten der Kinderbetreuung waren ein Pfund, dass die Republik in das vereinigte Deutschland einbrachte. Kindergärten waren überall vorhanden. Die Erzieherinnen waren gut ausgebildet, der Betreuungsschlüssel von einer Betreuerin auf fünf beziehungsweise sechs Kinder war sehr gut. Bis auf einen Verpflegungszuschuss mussten die Eltern nichts für die Betreuung bezahlen. Der Alltag in den Kindertagesstätten verlief nach einheitlichen Plänen. Auch für den Bau neuer Krippen und Kindergärten in den neuen Greifswalder Großwohngebieten nutzten die Verantwortlichen Typenbauten. In den Kindereinrichtungen wurde gemeinsam Sport getrieben und gemeinsam geschlafen. Unvorstellbar war damals, dass Kinder so lange wie heute mit Windeln herumlaufen. Gemeinsam wurde der Toilettengang auf dem Töpfchen geübt. Im Kindergarten wurden die Kinder auf die Schule vorbereitet. Sie lernten erste Buchstaben. Die Kinder rechneten bis 10 und versuchten sich im Schreiben. Wenn beide Eltern voll berufstätig waren, war es ein langer Tag für die Kinder. Nach der Einführung der Fünf-Tage-Woche 1967 betrug die tägliche Regelarbeitszeit achtdreiviertel Stunden. Bei zwei Kindern waren es später nur noch 40 Stunden in der Woche. Das war eine kleine Belohnung der DDR-Sozialpolitik.

GREIFSWALDER SORGTEN SELBST FÜR IHREN TIERPARK
... und engagierten sich fürs Plattdeutsche

Der Tierpark zählt heute zu den beliebtesten Greifswalder Freizeiteinrichtungen. 1956 begann die Einrichtung auf einem dreieinhalb

Hektar großen Gelände inklusive des Schwanenteichs. Zwei Jahre später standen die ersten Gebäude und Gehege. Betriebe und Bürger halfen mit vielen freiwilligen Leistungen und auch mit Material. Im Laufe der Jahre kamen immer mehr Tiere hinzu. 1964 zogen die Affen in ihr erstes Haus. Seit 1967 wurde das Eintrittsgeld in der Kasse des Vertrauens entrichtet. Fast 30 Jahre blieb diese Regelung bestehen. Sehr beliebt war in den Anfangszeiten der Bootsverleih, der Fahrten auch auf dem Ryck ermöglichte.

Gruppenbild mit Reutereiche.

Der Bootsverleih war sehr beliebt. Die Aufnahme stammt von 1975. (Fotos: Jürgen Rother)

Im Tierpark steht ein Baum, der von der Begeisterung vieler Greifswalder fürs Plattdeutsche zeugt. Bis heute tagt der Fritz-Reuter-Stammtisch der Hansestadt. Er hat eine Eiche für den plattdeutschen Dichter im Tierpark gepflanzt. Aber nicht nur das. Der fast 130 Jahre alte Stammtisch hat eine Voliere gebaut. Seit 26 Jahren führt Jochen Schmoock den Verein als Stüüermann, wie es bei den Freunden der plattdeutschen Sprache heißt. 1906 schaffte der Greifswalder Verein eine Fahne mit einer Inschrift an, die Aufrichtigkeit, Ehrlichkeit, Kraft, Mut und Zusammenhalt fordert. 1958 kam zwar das Aus, weil die Deutsche Demokratische Republik kein Vereinsrecht kannte. Der Ausweg der Greifswalder Reuterfreunde war die Bildung des Stammtisches, der sich nun mit polizeilicher Genehmigung traf. Mitglied Erich Wallis betrieb erfolgreich Werbung für plattdeutsche Sprache und Gesang.

DOMEINWEIHUNG MIT PROMINENZ
1989 – Honecker bei der Einweihung

Am 11. Juni 1989 hat der SED-Generalsekretär und DDR-Staatsratsvorsitzende Erich Honecker das erste Mal einen Gottesdienst besucht. Der Dom wurde nach erfolgter Sanierung und Neugestaltung eingeweiht. Für diese Neugestaltung mit der Schaffung eines liturgischen Zentrums in der Mitte zeichneten zwei Westdeutsche, die Hamburger Friedhelm Grundmann und Hans Kock, verantwortlich. Die Predigt hielt der Bischof der Evangelischen Landeskirche Greifswald, Horst Gienke. 1968 hatten die Lutheraner Pommern aus ihrem Namen streichen müssen, 1991 kehrte die Landeskirche zum alten Namen zurück. Gienke begrüßte 1989 Honecker am Kirchenportal und geleitete ihn zu seinem Platz. Die Sanierung hatte der Vorstandsvorsitzende der Alfred-Krupp-von-Bohlen-und-Halbach-Stiftung, Berthold Beitz, mit großen Summen unterstützt. Honecker kam zum Gottesdienst. Vertreter skandinavischer Länder reisten ebenfalls zur Einweihung nach Greifswald. Altbundespräsident Karl Carstens (CDU) und Schleswig-Holsteins Ministerpräsident Björn Engholm (SPD) waren Ehrengäste. Auch der polnische und schwedische Botschafter kamen. Es war ein Großereignis, sehr viele Menschen – es sollen Tausende gewesen sein – säumten die Straßen. Zeitungen, Funk und Fernsehen berichteten vom Gottesdienst. Das Neue Deutschland, die Zeitung des Zentralkomitees der SED, berichtete vom vertrauensvollen Miteinander von Staat und Kirche, von einem eindrucksvollen Zeugnis gegenseitiger Achtung. Das DDR-CDU-Blatt Neue Zeit berichtete von einer freundschaftlichen Begegnung des Bischofs mit Honecker. Der SED-Chef und der Bischof redeten im Rathaus im Beisein von Vertretern von Staat und Kirche miteinander.

In der DDR-Zeit wurde der Dom teilweise saniert. Das Bild stammt aus dem Jahre 1978.

Schlechter baulicher Zustand der Stadt

Es war ein Höhepunkt der Annäherung von Staat und Kirche in der DDR, der innerhalb der SED und der Kirche durchaus umstritten war. Dabei war die Domsanierung noch gar nicht vollendet. Richtig schlimm sah es indes in der Stadt aus. Zwar hatten die Stadtoberen noch viel versucht, um die von Honecker genutzte Protokollstrecke aufzuhübschen. Aber die Ruinen waren unübersehbar. An der Nordseite des Marktes standen nur noch Fassaden. Auf dem damaligen Platz der Freundschaft begrüßte Greifswalds Oberbürgermeister Udo Wellner den Staatsratsvorsitzenden. Hier konnte die Bevölkerung den ers-

In der Nachbarschaft der Nikolaikirche sollten diese Schilder den Verfall kaschieren. (Fotos: Jürgen Rother)

ten Mann der DDR näher in Augenschein nehmen. Um den Zustand der Stadt zu rechtfertigen, wurden Schilder angebracht, die eine Sanierung nach 1990 versprachen. Dann sollte, so hatte es die Partei, wie man damals die SED verkürzt nannte, versprochen, die Wohnungsfrage als soziales Problem gelöst sein. Dass das Neue Deutschland angesichts des Verfalls der Innenstadt Greifswald als aufblühende Stadt am Bodden rühmte, wirkte für viele wie Hohn.

Die große Nähe zum Staat, die Gienke im Juni 1989 demonstrierte, und sein autoritärer Führungsstil waren schon vor der Domwiedereinweihung innerhalb der Kirche kritisch diskutiert worden. Dass die DDR wenige Monate später zusammenbrach, war indes damals nicht abzusehen. Vier Tage vor dem Mauerfall am 9. November sprach die Landessynode mit knapper Mehrheit dem Bischof das Misstrauen aus. Gienke trat zurück.

DIE STADT DER SEGLER
Boote als Reparationsleistungen

Die Universitätsstadt hat sich dank des viel gelobten Wassersportreviers seit dem Ende des 19. Jahrhunderts zu einem Ort der Segler entwickelt. Akademischer Seglerverein und Greifswalder Yachtclub (zunächst Jachtclub) können auf eine über 100-jährige Tradition zurückschauen.

Die ersten aktiven Segler nach dem Zweiten Weltkrieg waren Mitglieder der Hochschulsportgemeinschaft (HSG), die zwei Jollen und den Kutter des Zoologischen Instituts nutzen konnten. Zwar hatten die Boote des Jachtclubs den Krieg gut überstanden, wurden aber dann als Reparationsleistung in die Sowjetunion abtransportiert. Ehemalige Mitglieder des Jachtclubs bargen danach Boote aus dem Ryck und versuchten, diese wieder aufzubauen. Der Stettiner Rudolf Mastmeier wurde Anfang 1949 Vorsitzender der Sektion Segeln der Betriebssportgemeinschaft Einheit (BSG) Greifswald. Trägerbetrieb war der Rat der Stadt. 1950 gab es schon 29 Mitglieder, acht Kajütboote und drei Jollen. Fünf weitere Jollen waren im Bau. Sie lagen in Wieck und auf der Werft Hoffschild am Eisenhammer. 1954 bekam die Sektion Segeln das Gelände der ehemaligen Militärbadeanstalt in Eldena zur kostenlosen Nutzung. Es war eine feuchte Wiese, die ehemaligen Holzgebäude dort waren verheizt worden.

Segler galten als potentielle Grenzverletzer

Mit viel Engagement, 30 Tonnen Betonbrocken vom gesprengten Flugplatz Ladebow und selbst geborgenem Rohr begannen die Arbeiten zur Errichtung eines Bootshauses, erinnert sich Yachtclub-Mitglied Wolfgang Radicke. 12 000 Arbeitsstunden leisteten die Segler bis 1961, als das Haus das erste Mal genutzt werden konnte. Fünf Jahre später wurden am Südufer des Rycks neue Liegeplätze geschaffen, um den wachsenden Bedarf zu befriedigen. Ab dem Bau der Mauer am 13. August 1961 war die Küste eine streng bewachte Grenze. Segler galten als potentielle Grenzverletzer. Sie durften nur noch in den inneren Seegewässern der DDR von Sonnenaufgang bis zum Sonnenuntergang segeln. Wenn die Boote wegen nachlassenden Windes nicht rechtzeitig den Hafen erreichten, wartete schon die Wasserschutzpolizei. Meisterschaften im Seesegeln wurden in der Drei-Meilen-Zone gesegelt. Die Teilnehmer benötigten Genehmigungen, wie die PM18, und bestätigte Mannschaftslisten, die von der Stasi kontrolliert und genehmigt oder ohne Begründung abgelehnt werden konnten. Fahrtensegeln war ein Leistungssport. Die Sektion Segeln der BSG Einheit organisierte mehrfach Fahrtenseglertreffen in Greifswald.

Fahrtenseglertreff 1974. (Foto: Jürgen Rother)

Heute hat so ziemlich jedes Segelboot einen Motor. Früher musste allein der Wind für die Fortbewegung genügen, auch beim Verlassen des Rycks.

Die Nachwuchsarbeit besaß immer einen hohen Stellenwert.

Schwerpunkt in der Sektion war die Ausbildung, besonders der jungen Segler. Die Prüfungskommission stellten deren Mitglieder und solche der Hochschulsportgemeinschaft. Die Tradition der gemeinsamen Ausbildung wird bis heute fortgesetzt. Am 6. April 1990 wurde der Greifswalder Yachtclub wiedergegründet.

UNTER DEM BANNER VON MARX, ENGELS UND LENIN
Nach der Tribüne war Schluss, dann ging's zum Bierchen

Die Demonstrationen am 1. Mai, dem internationalen Kampf- und Feiertag der Werktätigen, gehörten in der DDR zu den festen Ritualen. Der Freie Deutsche Gewerkschaftsbund verkaufte rote Mainelken aus Papier. Am 1. Mai feierte sich die Partei- und Staatsführung und ließ sich feiern. Auszeichnungen wurden vergeben und von Betrieben und Kollektiven Verpflichtungen für neue Heldentaten zum Ruhme des Arbeiter- und- Bauern-Staates abgegeben. Für den Marsch gab es Stellplätze, auf denen man auf seinen Einsatz wartete.

Vorbeimarsch an der Tribüne am 1. Mai. (Foto: Jürgen Rother)

Die Schulen mussten natürlich auch dabei sein. (Foto: Sammlung Eckhard Oberdörfer)

Auf dem Markt war zum Kampf- und Feiertag einiges los. (Foto: Jürgen Rother)

Ich erinnere mich an Stunden auf dem Arndtplatz, ehe es für uns Chemiker auf den kurzen Weg Richtung Markt vorbei an der Ehrentribüne ging, wobei viele Fähnchen geschwenkt wurden. Wenn man an der Uni arbeitete, war es sehr schwer, sich zu drücken. Fahnen und Transparente wurden an der Tribüne vorbeigetragen. Es war nicht leicht, dafür Träger zu finden. Die zentralen Losungen konnte jedermann Ende März im Neuen Deutschland, dem Organ des Zentralkomitees der SED, nachlesen.

„Hochschullehrer und Studenten! Stärkt unseren sozialistischen Staat durch die Meisterung der Wissenschaft!" war ebenso ein immer wiederkehrender Spruch wie „Weiter voran unter dem Banner von Marx, Engels und Lenin!" oder „Es lebe der proletarische Internationalismus!" Nach der Tribüne war Schluss, dann ging's zum Bierchentrinken. Viele ließen die Plakate und Transparente einfach stehen.

DIE SCHALLPLATTENUNTERHALTER
Popgymnastik, Ketwurst und Grilletta

In der DDR hieß es Popgymnastik statt Aerobic, Ketwurst war der Ersatzbegriff für Hot Dog. Der Hamburger hieß Grilletta. Auch originell: Der Discjockey war ein Schallplattenunterhalter, alternativ war Diskosprecher üblich. Sie wurden in der DDR gut ausgebildet, mussten eine Prüfung durch eine Kommission bestehen. Ein Jahr dauerte so ein Lehrgang gemäß einer Verordnung von 1973. Sie liefen in Greifswald am Stadtkabinett für Kulturarbeit. Es gab eine Arbeitsgemeinschaft der Diskothek-Sprecher, die kreisübergreifend zu Werkstätten einlud. Vor der Prüfung mussten die Neuen nicht nur praktische Kenntnisse zur Gestaltung einer Tanzveranstaltung erlernen. Auch Kulturpolitik und gesetzliche Bestimmungen gehörten dazu. Gesellschaftliches Wissen war Prüfungsfach. Am Ende erkannte die Kommission auf die Leistungsstufe A, B oder C. Wer B erreichte, bekam 6,50 Mark pro Stunde. Es gab ferner die ungeliebte und gern ignorierte 60/40-Regelung. Das heißt 60 Prozent der Veranstaltung sollten mit Musik aus sozialistischer Produktion gestaltet werden. In den 1980ern wurden dann Begriffe wie Diskotheker und Disko-Moderator üblich.

Frank Schöbel legte 1978 Platten im „Haus der Jugend und der Sportler" auf.

Diskotheker Jürgen hatte gute Verbindungen zur „HO-Schallplatte"

Sehr beliebt waren in Greifswald die ab 1971 stattfindenden Tanzveranstaltungen im „Haus der Jugend und der Sportler" in der Dr.-Wilhelm-Külz-Straße (jetzt wieder Lange Reihe). Immer mittwochs und am Wo-

Impressionen aus dem Ratscafé. (Fotos: Jürgen Rother)

chenende wurde dazu eingeladen. Wunschmusik fand großen Anklang. Beliebt war auch der Jugendclub des „Konsum" im Ratscafé am Markt mit seinem FKK (Festivalen Konsumjugendklub). Eine Initiative des Vorstandes und der FDJ-Leitung der Konsumgenossenschaft, hieß es damals in der Ostsee-Zeitung. Die jungen Leute hätten den Schwung der X. Weltfestspiele der Jugend und Studenten 1973 aufgenommen, stand in der Zeitung. Nachmittags gab es Kaffee und Kuchen. Von 19 bis 22 Uhr legten die Diskosprecher Schallplatten auf.

„Jürgen, der bekannteste und versierteste Disko-Unterhalter, hat wie alle Diskotheker gute Verbindungen zur ‚HO-Schallplatte' und stellt stets Neueingänge vor."

Diese guten Verbindungen waren vertraglich über die Stadt abgesichert.